宋韵瓯风
十二章

中共温州市委宣传部—— 编

方韶毅　陈瑞赞 —— 主编

浙江大学出版社·杭州
ZHEJIANG UNIVERSITY PRESS

2023 年度温州文化艺术发展基金资助项目

序一

改革开放以来，温州创立的经济发展"温州模式"，取得的经济高速发展成就，"走遍千山万水、说尽千言万语、想尽千方百计、吃尽千辛万苦"的"四千"精神，都体现了温州人敢为人先、大胆突破等特别能创业、特别能创新的地域特质，使温州享誉世界。然而，经济发达并非温州地域精神的唯一体现。温州学术文脉绵长，文化传统深厚，其于不同历史时期均有体现的开拓进取之学术思想和文化成就，同样体现了温州人的创业创新精神，是温州学人对浙江乃至中国文化的重要贡献。

一

孙诒让先生是我了解温州地域文化、学术传统和乡贤学者，并由此产生钦敬之心的最初因缘。我硕士求学期间的导师雪克先生以指导我合作点校《札迻》为路径，领我进入古典文献学的研究领域。随着了解的深入，得悉孙诒让先生不仅在经学、子学、考据学以及地方文献整理等传统学术领域造诣精深，成就斐然，与俞樾、黄以周合称"清末三先生"，被誉为

"晚清朴学后殿""朴学大师",而且面对晚清危殆时局,抱"经世致用"之愿,以劳瘁苦志、务实力行、讲求事功的精神,走出书斋,倡言变法,兴教育,开民智,办实业,强经济,积极探索救国图强之道。孙诒让先生的时代历练和一生业绩,并非只有古典的传统,也渗透着千丝万缕的时代印痕,新旧交织,繁杂缠绕,深刻地体现了知识精英之于自我完善的不懈努力、自我认同和价值追求。

孙诒让先生的学问成就、经世业绩,离不开其父辈的教导、家学的熏染。其父孙衣言、其叔孙锵鸣深受南宋永嘉学派学养涵育,与永嘉先哲多有学术观点和精神要义的会通契合,怀有深刻的敬重推崇之情,尤其认同永嘉学派"必弥纶以通世变"的现实意义,有心以兼综汉宋之长的永嘉学派通汉宋之学互为攻讦的"区畛"。他们针对薛季宣、陈傅良、叶适等先哲著述旧椠秘钞、单本孤行、散佚严重、不彰于世之情形,大规模整理先贤文献,以此着手保护乡邦文献,振兴永嘉学派,先后纂辑刊刻了《瓯海轶闻》《永嘉丛书》等有关本乡先哲和其他乡邦文献的系列汇编整理著述。其中,《瓯海轶闻》《永嘉丛书》两种丛书,是历史上温州地方文献整理中颇具规模、深具影响的代表之作。

《瓯海轶闻》始编于同治七年(1868),从其编纂体例中,可见孙衣言先生对永嘉学派的推崇。他对作为永嘉学术专编的甲集作释例云:"衣言幸生诸先生后,读其遗书,窃有志焉。因辑其遗事,都为一书,上起皇祐豪杰之始兴也,下逮国朝火薪之相接也,而于乾淳诸老言之尤详。"此书之成,凝聚孙衣言、孙诒让、孙延钊祖孙三代学人前后近60年的治学之功。

清光绪八年(1882),孙衣言先生刊成《永嘉丛书》,收录刘安节、薛季宣、陈傅良、叶适等永嘉学人著述,较为系统地呈现了永嘉学派于两宋年间的源流发展,整理保存了诸先贤的著述文献,于永嘉学派的传续研究贡献颇多。

孙氏数代学人以一个家族的力量，于蠹书旧简中搜奇觅珍，汇前贤遗珠而为鸿篇；于断碑残碣中爬罗剔抉，录故土文物而为一编；于文江学海中钩玄提要，萃大儒精要而为巨制；于先贤智慧中谋变求强，尽社会担当而为实业，获得了绍续永嘉先哲之学的丰硕成果和启智开物的煌煌业绩，由此而成学中求道、经世致用之家学传统，与家乡故土结下深厚渊源，融合而为地域传统的内在因子，生生不息，芳菲永驻。

二

早在 2002 年，中共温州市委即提出创建温州学，对研究温州人和温州精神、深究温州文化与经济互动发展的地域特性、揭示温州地域文化传统的历史脉络、内在规律和整体形态，具有重要引领意义。2001 年 7 月，温州市人民政府投入 200 万元，成立"温州文献丛书"整理出版委员会，系统抢救整理一批有价值、有影响的温州地方文献，并从 2002 年起将丛书整理出版任务列入市委、市政府年度重要工作责任制考核范围。整套丛书古籍整理出版工程历时 5 年 9 个月，共出版 4 辑 40 部 48 册 2000 万字，涉及文化、历史、政治、经济、科技、医学、军事诸多领域，系统梳理了宋代以来温州乡哲的代表性文献，成为温州学研究中的标志性核心成果。多年来，温州专家学者在此领域勤耕不辍，勉力精进，同时也吸引了全国以及日韩欧美学者参与其中，相继发表了数以万计的研究论文，编著出版温州研究专著 700 多部，永嘉学派馆、温州数学名人馆、世界温州人家园等一批场馆陆续建成开放，相关研究研讨活动陆续举办，形成了研究特色鲜明、学科架构较全、研究力量较强的学术团队和研究梯队。

尤其值得一提的是，2021年12月，温州启动《温州大典》研究编纂出版工程，拉开了温州历史上规模最大的一次文献整理行动序幕。《温州大典》分"历代古籍编""晚近书刊编""文物图像编""档案史料编""民间遗存编""要籍选刊编""专题研究编"等七大编，计划用十年时间，全面梳理温州文脉资源，系统开发温州文献典籍，深度挖掘文化温州的深厚内涵和当代价值，集成研究"温州学"，打造新时代文化温州建设的标志性成果。目前，该项目已列为浙江文化研究工程省市共建项目，首批成果即将推出。

与经济领域的"温州模式"一样，"温州学"展示了温州人敢为人先、埋头苦干、务实精进的品格，更体现了温州厚重文化积淀的基因传承、历史脉动和精神涵养。作为一项重要的文化建设成就，温州学的创设和成就取得，就对温州本体的影响来说，树立了温州学术精深、思想睿智、理念开放的文化形象，极大地增强了温州人的文化自信、激发了温州人的创造活力、提升了温州人的竞争实力，有力地推进了温州改革开放和现代化建设；就对当代中国学术发展的影响来说，在当代中国的区域性一地文献综合整理、一地学术整体研究和一地学术共同体建设中，无疑是远远走在前列的创新之举，对我省各地的地方文献整理、学术思想研究、文化精神提炼、地域形象塑造，都起到了积极推进作用，也在当代中国的区域研究史上写下了浓墨重彩之笔。

三

传统社会的孙氏家学薪火相传，当下时代的政府推动、众人共襄学术发展，组织形态不一，学术机制有变，而其精神内核一致，都指向共同的传承渊源和精神原乡。宋韵瓯风，正是此中精要。作为国家历史文化名城，在温州 2200 多年的建城史中，宋韵在温州有着丰富的人文积淀和独特的地域呈现，两宋尤其是南宋几乎奠定了今天温州的文化格局。正如本书作者研究揭示：宋代温州科举发展，士大夫群体崛起，教育发达，学术兴盛，名流辈出，风俗醇厚，成为温州文化发展史上第一个异峰突起的高涨期，"可以说其间温州区域文化实现了从自发到自觉的一次突破，正式形成了自己独树一帜的区域特性和思想风格，影响极为深远。永嘉学派第一次从哲学的层面总结、升华并说明了温州人精神的实质内涵，诸如道在器中、事上理会，道无内外、学思并进，因地制宜、工商皆本，以利和义、义利并举，民自为生、藏富于民等思想主张，堪称温州人走向文化自觉的标志"。

2021 年 9 月《中共浙江省委关于加快推进新时代文化浙江工程的意见》要求实施"宋韵文化传世工程"，系统开展宋韵文化研究传承和南宋文化品牌塑造，从思想、制度、经济、社会、百姓生活、文学艺术、建筑、宗教等方面，展示多元包容、百工竞巧、追求卓越、风雅精致的宋韵文化气象。这对温州而言，正是具有历史传统悠久、学术积淀深厚、研究力量强大、地域特色鲜明等诸多优势、深可传承发挥的领域。因为无论是学术思想上的永嘉学派、铸就海洋文明内核的海外贸易通道，还是"其货纤靡，其人多贾"的商业精神、汇聚民间百态的"南戏故里"等等，都是温州对宋韵文化的杰出贡献，堪称宋韵文化的特级优质资源和重要核心内容。

本书作者团队皆为温州学研究资深学者，对温州的乡邦文献、思想要义、历史文脉、文化精粹知深爱切、精研有素，是为温州实施"宋韵瓯风文化传世工程"构筑深厚理论基础的专家团队。他们不但对人们耳熟能详的永嘉学派条分缕析、详加阐释，更从社会管理、海外贸易、手工商贸、南渡驻跸、士人群体、永嘉四灵、百戏之祖、科学技术、宗教文化、百姓生活、方言俗语等诸多方面，全面展陈宋代温州古典生活世界的诸多面相，生动可感地还原出了乐于耕耘、勤于经营、善于管理的宋代温州人物群像，经济繁荣、商贸发达、交接天下的宋代温州社会生活，好学深思、务实通达、义理深刻的宋代温州思想图景，创意无限、灵动秀逸、雅俗兼备的宋代温州文化风貌。架构别致，资料丰富，论述精到，内容多姿多彩，文辞灵动可读，尤其重视从中提炼、解读温州的文化符码和精神特质，为新时代温州发展提供智力支撑，既是以系统思维解码瓯越文化基因、提升宋韵文化的温州辨识度的重要举措，也是构建宋韵瓯风文化传承"四梁八柱"的基础要件。

一地的文脉承接和传统形构，均有赖于乡邦学术思想的积淀传续。而有志于此的智者乡贤，无论汇集整理，还是苦心撰作，均可称为造福桑梓之功。本课题研究的扎实开展和成果的顺利出版，接续了温州由古至今传延有绪的学术文脉，践履了以南宋永嘉学派为核心的地域传统，体现了注重学术社会功能和学者社会关切、积极参加社会建设的宋儒精神，既是温州学研究领域的最新成果，也是温州地域文化传统的新造辉煌，更是对温州当代发展的学术奉献。南宋永嘉诸先生如若地下有知，想其必会有得遇志业知己之欣喜，而为温州一地文脉之相承有绪而鼓舞。

"倾耳聆波澜，举目眺岖嵚。"历史的滔天巨浪，是经久不息的往昔回响，以其振聋发聩之声，伴随着代代学人眺望、攀援思想学术的崇山峻岭，登高峰，开新境。温州的明山秀水，正是其中令人钦羡的佳胜之地，学术之林蔚然深秀，前程粲然可期。是为序，以志贺。

陈野

2023 年 8 月 12 日

———————

陈野，浙江省社会科学院研究员、原副院长，浙江大学教授、博士生导师。

　　宋韵如水，浸润千年。在温州解码宋韵文化，关键在品读东瓯风雅。手中这部《宋韵瓯风十二章》，便是"宋韵在温州"的文心极致、蔚然大观，既是温州落子宋韵文化传世工程的重要载体，更全方位地呈现和激活了"千年商港"的别样精彩。

一、如何看宋韵在温州？

　　陈寅恪说："华夏民族之文化，造极于赵宋之世。"两宋尤其是南宋，几乎奠定了今天温州所拥有的所有积极的文化格局。

　　一看宋之"城韵"。温州城，有着形胜之美。2215年前，东瓯王开疆拓土，在瓯越大地建城；1700年前，永嘉郡因地制宜、依势而筑，形成"山水九斗，水城阡陌"的城市格局；绍圣三年（1096），知州杨蟠将其改造为三十六坊。宋时，温州城商业、人口、文化艺术达到顶峰。南宋至元代，温州成为海上丝绸之路的枢纽港口。今年，朔门古港遗址入选"2022年度全国十大考古新发现"，重现"一片繁华海上头"，实证温州是海上丝绸之路的重要节点城市。

二看宋之"文韵"。有人说，温州重商不重文，这是对温州的最大误解。浙学之盛，始于永嘉学派。南宋时期，温州创办的书院，比苏州书院早120多年，比杭州多出近4倍。宋代产生1307名正奏名进士，北宋90人，南宋1187人，武科进士293人，浙江第一，全国第二。温州作为全国改革开放先行区、民营经济的重要发祥地，也得益于崇实创新和重商文化的基因。

三看宋之"灵韵"。温州有南戏，一唱就是900多年。南戏作品《张协状元》，是中国迄今所发现最早、保存最完整的中国古代戏曲剧本。2023年央视春节戏曲晚会在温州录制并成为爆款"出圈"，奠定了"百戏之祖是南戏，南戏故里在温州"的历史性评价，擦亮了"中国戏曲故里"品牌。同时，温州还拥有"百工之乡""中国山水诗发祥地"等金名片，这些都是宋韵在温州丰富的人文积淀和独特的地域呈现。

二、如何建构宋韵瓯风"四梁八柱"？

宋韵文化是浩瀚的、庞杂的。如何在如此浩瀚的财富中、宝库中提炼出最需要表达的东西？着重在五个关键点。

一是把握取舍点。紧扣温州地域人文，去粗存精，在深度研究基础上作出合理取舍，打造《宋韵瓯风十二章》。这十二章，是四梁八柱，为系统开发和品牌塑造奠定学术基础。

二是找准切入点。精准切入，才能更见辨识度。目前，最适宜切入，也最有温州辨识度的，就是朔门古港遗址的保护开发利用。对标世界文化遗产标准，集中力量建设温州朔门古港国家考古遗址公园，谋划举办"海丝之路"峰会，打造"千年商港"最典型的瓯越文化地标。

三是发掘学术点。以深化《温州大典》编纂，温州学、永嘉学派研究为主体内容，加强关于宋韵文化的基础性学术研究、应用性课题研究，打造宋韵瓯风文化谱系。

四是突出闪光点。锁定擦亮"中国戏曲故里"这个闪光品牌，发挥央视春节戏曲晚会的后晚会效应，突出年轻化、国际范、时尚潮，高规格办好九山书会中国戏曲文化节，启动"南戏走向世界"传播活动，组织中国戏曲研讨会，打造中国戏曲之城。

五是打造展示点。高规格组织建城2215年和建郡1700年系列活动，贯通千年东瓯文化底蕴、新时代温州人精神，推进城市形象"一句话、一部片、一首歌、一本书"宣传推广，系统展示"千年商港　幸福温州"的独特魅力。

三、如何以系统思维推进宋韵瓯风文化传世工程？

宋韵瓯风文化传世工程，重在从"无形之韵"转变为共同富裕的"有形之举"，需要以系统思维有力有效有序推进。为此应做深做足"五字诀"。

一是"言"字：更广泛地集智纳言，整合文物部门、专家、在温高校、学术和实践基地等力量，加强深入性、立体化研究，组织联合攻关，不断放大宋韵文化在温州的时代价值。

二是"显"字：更加鲜明地彰显温州特质，以千年瓯越文化为主基调，从中提取宋韵文化元素，让"宋韵"与"瓯风"交相辉映，产生全新的组合和无限的创意。

三是"传"字：更加注重活态传承，通过"口""鼻""眼""触""心"，多角度凸显温州宋韵符号，让宋韵文化可见、可感、可传承。

四是"融"字：以链式思维，打造品牌综合体验系统，在市场导向、受众思维、产品创新、丰富体验上下功夫，让宋韵瓯风和市场需求、百姓需求有效链接，融出"兴在纸笔间，旺在实景里"的效果。

五是"合"字：加强全市一盘棋，整体谋划、集中标识、统一品牌，实现差异化、去重化、去同质化开发研究和传承发展，合力打造温州独特的"宋韵瓯风"IP。

任何一部文化典籍，起点总是一个又一个的动人故事，终点则是一代又一代人的悉心感悟。温州有一批长期耕耘温州学、专注东瓯文化研究，对温州这片水土怀有深厚感情的专家学者。这本论著就是温州社科人文领域专家的一项集体智慧成果，他们发挥各自研究所长，集合成书。现即付梓刊行，我们希望这部《宋韵瓯风十二章》，贯通宋韵文化、千年商港底蕴、新时代温州人精神，让宋韵瓯风交相辉映，全面增强瓯越文化自信自强，为温州推动文化振兴、在中国式现代化进程中续写创新史引起强大共鸣、凝聚力量。

《宋韵瓯风十二章》编委会

2023 年 8 月

目录

第一章

三十六坊 厢坊新制

伍显军

"一片繁华海上头，从来唤作小杭州。"温州地处浙江省东南部，是浙南政治、经济和文化中心，在宋代属于两浙路管辖，是众多州级城市之中政治地位相对较高、经济和文化相对繁荣的沿海港口城市。经济的发展和城市的繁荣，客观上需要一种与之相适应的城市管理制度。出土文物资料和古籍文献记载表明，宋代温州州城实施的是一种比厢坊制复杂的管理制度——厢界街坊（巷）制。

中国古代城市的发展在宋代迎来重大的转折和飞跃，其突出表现即是城市经济的繁荣和新的城市管理制度——厢坊制的出现。厢坊制的实施，是宋朝政府在坊市制崩溃的形势下对城市进行规划管理的重大变革，拓展了城市的发展空间，更加有利于商品经济的发展，对后世城市的规划管理影响深远。

"都市化"与"厢坊制"

中国古代社会经济在两宋时期完成了重心的南移。北宋的统一和地主私有制的发展、租佃的普及，使社会经济呈现出新的繁荣。南宋，由于大量北方人口的迁入和生产力的发展，南方的经济形势优于北方，出现了以苏州、杭州等为代表的繁华大都市和以明州（今宁波）、温州等为代表的沿海港口城市。

伴随着经济重心的转移，宋代城市最明显的改变表现在都市化，其衡量指标很多，如人口的增加、手工业的发达、交通商业的繁荣、服务业的蓬勃发展、税收的增加、夜市的出现、城市发展空间的扩大、城市形态的演变以及城市管理制度的变化等。其中，管理制度的变化即坊市制的崩溃和厢坊制的出现。日本已故学者加藤繁在讲到宋代城市时说："商店可以设在城内外到处朝着大街的地方，设置了叫做瓦子的戏场集中的游乐场所，二层、三层的酒楼临大街而屹立，这些情形都是在宋代才开始出现的。"他在《宋代都市的发展》一文中又说："厢的制度，是作为都市人口的增加、都市地域的扩大的结果而产生的东西。"

在厢坊新制下，城市中新的行市、街市取代了旧有的封闭式的"市"，居住区和商业区交叉存在，并且逐渐连成一片，大街小巷的交通体系逐渐形成，店铺林立，出现了日市、夜市、早市、季节市、专业市等不同种类的市场，还有丰富的都市娱乐活动，城市日益繁华热闹。

厢坊制的设立始于东京。宋真宗大中祥符元年（1008），宋政府将东京城外居住区划分为八厢，并置厢吏管理。明道年间（1032—1033），鉴于京师居民增多，民事纠纷日繁，开封府职责过重，御史张奎曾奏请"置内外左右厢受事判官"，以分厢处理职权范围内事务。治平三年（1066），由于东京人口愈益膨胀，开封府及两县难以应付，遂续置受事判官于诸厢。《彭城集》记载："领使院事，民间谓之南司。"至此，厢官得以接管诸厢公事，从而获得了行政上的独立。作为城市独立一级的治安管理机构，厢便相应出现了，它的任务是"止令分地巡逻，治烟火盗贼公事"。熙宁三年（1070），开封城内划分为左厢和右厢，厢的地位升高，相当于县，办公处称为左、右厢公事所，主要职责为狱讼刑法。从此，附郭县只治理郊区，厢统治城内市区，直属于州府（有时城外市区也归厢统治）。这种城乡分治的制度后来推及全国。厢坊制成为一种新的城市行政管理制度。

"一片繁华海上头"与温州"三十六坊"

北宋绍圣年间（1094－1098），温州知州杨蟠有诗形容温州州城的繁

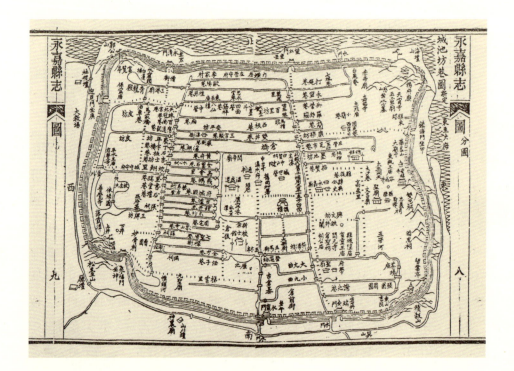

▲ 温州建城两千两百多年来，城内格局基本没有改变，保持了一定的特色。从这张《永嘉县志》刊载的《城池坊巷图》中能清楚地看到温州古代城池、坊巷的基本风貌。

荣："一片繁华海上头，从来唤作小杭州。水如棋局分街陌，山似屏帏绕画楼。是处有花迎我笑，何时无月逐人游。西湖宴赏争标日，多少珠帘不下钩。"

杨蟠还有一首《永宁桥》诗，形容府城内永宁桥一带夜市的热闹景象："过时灯火后，箫鼓正喧阗。三十六坊月，一般今夜圆。"

从这两首诗中，我们能解读出更多的历史文化信息：温州是繁华的沿海港口城市，又是宜居的山水城市，规划齐整，犹如棋局；温州城中还出现了夜市。

宋代温州人口也出现几何级数增长：从北宋太平兴国五年（980）到元丰六年（1083），百年间温州的人口户数从 40740 户增长到 121916 户。至南宋末期，温州人口更已接近百万。南宋诗人、"永嘉四灵"之一徐照在诗中描绘"十万人家城里住，少闻人有对门山"，反映了当时温州城市的繁华景象和人口规模。可以说，宋代温州经济的发展和城市的繁荣，客观上需要一种与之相适应的城市管理制度。绍圣二年（1095），杨蟠改定城内三十六坊，便是厢坊新制这种城市管理制度的体现。

南宋戴栩《重建三十六坊记》详细记载了杨蟠改定三十六坊的过程、目的和意义。"永嘉州郭延袤十八里，较诸雄藩会府虽不及，视列城则过之。在昔民聚未稠……后乃文化浸成，藩饰聿至，《祥符图经》：坊五十有七。绍圣间，杨侯蟠定为三十六坊。排置均齐，架缔坚密，名立义从，各有攸趣。"

温州州城的周长是十八里，大中祥符三年（1010），城内设有五十七坊。杨蟠改定三十六坊，"排置均齐，架缔坚密，名立义从，各有攸趣"，"义利明而伦类彰，取舍审而操向正，有不说之教焉"，不但使城市规划更为整齐，城市面貌焕然一新，而且从政治教化的角度出发，对坊名进

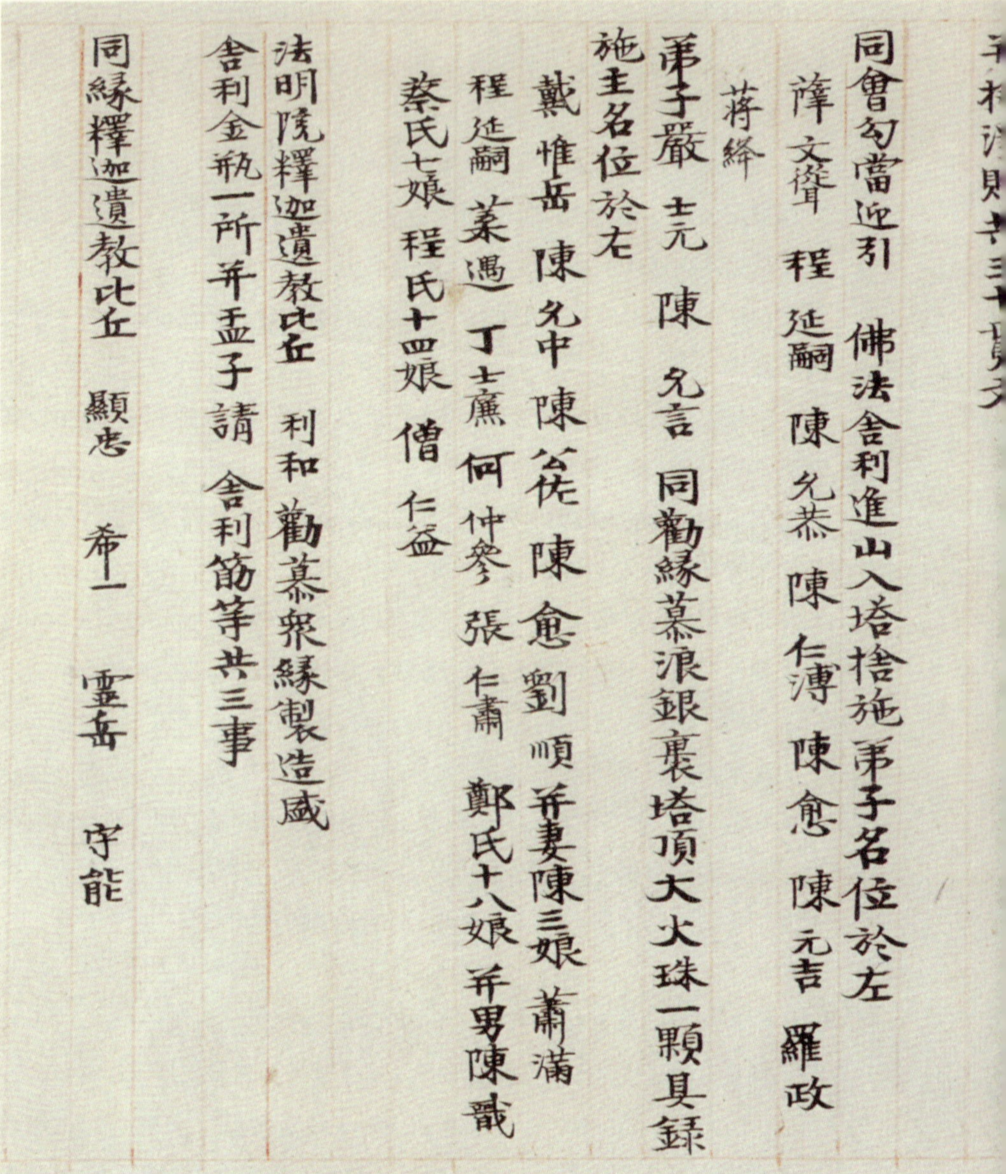

同會勾當迎引　佛法舍利進山入塔捨施弟子名位於左

薛文舉　程延嗣　陳允恭　陳仁溥　陳愈　陳元吉　羅政

蔣絳

弟子嚴　士元　陳允言　同勸緣慕浪銀裹塔頂大火珠一顆具錄

施主名位於右

戴惟岳　陳允中　陳谷佐　陳愈　劉順　并妻陳三娘　蕭滿

程延嗣　葉遇　丁士廉　何仲參　張仁肅　鄭氏十八娘　并男陳戬

蔡氏七娘　程氏十四娘　僧仁益

法明院釋迦遺教比丘　利和　勸慕衆緣製造成

舍利金瓶一所并盂子請　舍利筋等共三事

同緣釋迦遺教比丘　顯志　希一　靈岳　守能

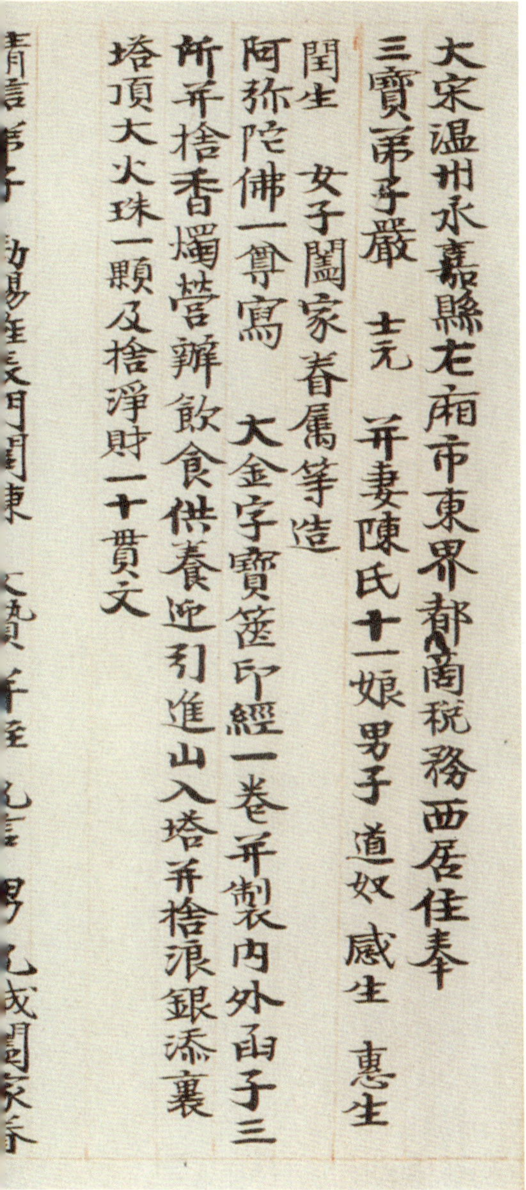

大宋溫州永嘉縣左廂市東界都商稅務西居住奉
三寶弟子嚴　士元　并妻陳氏十一娘男子道奴　感生　惠生
閏生　女子閏家眷屬等造
阿弥陀佛一尊寫　大金字寶篋印經一卷并製衣內外函子三
所并捨香燭營辦飲食供養迎引進山入塔并捨浪銀添裏
塔頂大火珠一顆及捨淨財二十貫文

◀ 瓯海慧光塔出土文物，为建塔助缘施主名位清单，可以清楚见到"左厢""市东界"字样，是宋代温州厢坊新制重要物证。

行了整顿。其中，"摭其胜地"的有容成、雁池、甘泉、百里四坊，"溯其善政"的有竹马、棠阴、问政、德政四坊，"挹其风流"的有康乐、五马、谢池、墨池四坊，启人"歆艳"的有儒英一坊，予人"掖导"的有世美、梯云、双桂、儒志、棣华、扬名、袭庆、绣衣、昼锦九坊，使人"家警户省"的有孝廉、孝睦、遗忠、遗爱四坊，具有表彰意义（"旌"）的有招贤、从善两坊，表达民众意愿（"蕲"）的有简讼、平市两坊。以上共三十坊。

过了一百二十多年，整治温瑞塘河、留下"百里荷花"美景的知州沈枢沿袭杨蟠的坊名，加以重建。又过了五十年，到南宋咸淳间（1265—1274），知州史焕章又扩充至四十坊，除了前面提到的三十坊外，还恢复或改建了杨蟠所定"三十六坊"中的其余六坊——崇仁、荣亲、永宁、嚛酒、宝珠、井莲；至于状元、衮绣、祈报与丰和四坊，则是在杨蟠之后陆续增设的。

城市是动态发展的，因而温州城坊设置或置废也是一个变动不居的过程。由唐入宋，温州城内有一些城坊被改名，而有一些则被重新划分为若干新坊。如唐代问俗坊、百贾坊和利仁坊，宋代分别改为问政坊、太平坊和井莲坊。唐代宋泰坊，到宋绍圣年间，因郡治在此，改为棠阴坊。唐以前的遗爱坊，到宋代已分为仁山坊、遗爱坊、丰和坊。当然，温州更多的城坊则是在宋代新增的，如招贤坊、育才坊、望京坊、孝能坊、悟真坊、嚛酒坊、渊源坊、德新坊等。

根据复旦大学吴松弟主编的《温州通史·宋元卷》统计，宋代温州新增城坊多达六十余处，加上唐代以前保留下来到宋代仍在使用的康乐坊、竹马坊、乐游坊、墨池坊、谢池坊、五马坊、祈报坊、清平坊、瑞颖坊、止戈坊、丰和坊等十多处城坊，整个宋代温州先后出现的城坊有近八十处。

这些城坊形成于宋代的不同阶段，各自的范围大小不一，布局杂乱，不便管理，于是才需要知州杨蟠、沈枢、史焕章等有作为的官员在不同时期重新进行规划整治。

史料文献中的宋代温州街道与厢、界、坊

温州城历史上曾是汉永宁县治、晋永嘉郡治、唐温州治的所在地，"控山带海，利兼水陆，实东南之沃壤，一郡之巨会"，素有"东瓯名镇"之称。自东晋建郡城之后，南朝和隋唐因之，后梁钱氏增筑内城。宋代温州内有子城，外有罗城（即州城），城门数量和位置没有明确记载。弘治《温州府志》中关于方腊寇城、城门的记载，以及万历《温州府志》永嘉县境图，能让我们了解到大体情况：宋徽宗宣和间，方腊寇城，"诸城门既塞其坏处，遂并塞七门，独留瑞安、望京、集云三门，严民出入……十七日，先锋将张理同李振出南门迎敌……贼屯桥南，仲荀守北门，鹗、端本守天庆宫，添（设）倅吴正平守宜春门，士英同振守南门以当贼锋……巢穴皆在城南，以船载火烧水门……"可见，北宋晚期温州城共有十门，包括瑞安、望京、集云、宜春等门，正好与万历《温州府志》永嘉县境图中城门数量相同。弘治《温州府志》记载："东曰镇海门，初名宜春门……东南曰瑞安门，俗称大南门……西南曰来福门，在松台山麓，旧名集云门……西曰迎恩门……东北曰永清门……北曰拱辰门，旧名望京门。"加上南面的永宁门，共七门。这七座城门是温州保存和使用最久的城门。南宋嘉定七年至九年间（1214—1216），知州留元刚重修温州城，当时温州城有十座城门。可见，北宋、南宋温州城都有十座城门。查弘治《温州府志》，宋代新开而后又被废塞的三座城门分别是江山门、安定门和奉恩门。2022年望江

路下穿工程考古工地发掘区域即介于望京门与奉恩门之间。

连接城门的街道，按万历《温州府志》永嘉县境图，南北纵向有拱辰门（望京门）至瑞安门的"大街"（明清两代均称"大街"，宋代街名待考）、"新河大街"，"大街"是最主要的一条；东西横向有百里坊街、五马街等，百里坊街是最主要的一条。纵横交错的街道，方正整齐的街区布局，贯穿傍依的山峦、河流，为实行厢坊制管理创造了客观条件。正如南宋叶适在

▲ 晚清温州老照片。城墙依山而建，
连同城内、城外的民宅，是一道具
有静逸之美的风景。

《东嘉开河记》所描述的："昔之置郡者，环外内城皆为河，分画坊巷，横贯旁午，升高望之，如画弈局。"

　　历经近千年岁月的沉淀洗礼，得以留存至今的少量文物文字资料和古籍文献记载是我们研究宋代温州城市管理制度的珍贵资料。

　　海坛山麓出土的北宋元丰三年（1080）海神庙碑是研究温州台风灾害气候和海神信仰的重要文物。1947 年，夏鼐先生于第二次返乡期间，在海

▲ 宋代温州城内外厢和城
　内主要街道示意图。

坛山海神庙戏台下发现了海神庙残断石碑并加以拼合。中华人民共和国成立后，该碑被移到温州区（市）文物管理委员会。其正面碑文在弘治《温州府志》卷十九《谒海神庙记》有收录。1961年编印的《温州文管会藏石考》一书的《海神庙残碑》则收录有背面碑文："永嘉县……准州府备据海神庙祝陆师酉供状，称有买到何僧左厢市东界山地一片，海神庙安着。如将来官司要添起海神庙……"其中明确提到了"左厢"和"市东界"。

1967年，建成于北宋庆历三年（1043）的瑞安慧光塔内发现的"建塔助缘施主名位"纸质清单记载："大宋温州永嘉县左厢市东界都商税务西居住奉三宝弟子严士元，并妻陈氏十一娘、男子道奴、感生、惠生、闰生、女子阖家眷属等，造阿弥陀佛一尊……"明确提到了"左厢"和"市东界"。

1965年，温州市郊梧埏镇北宋政和五年（1115）白象塔被拆除，塔刹铁覆盘的下部铭文为"温州在城右厢新河北界棠阴坊浴堂前居信女丘氏五九娘，法名净慧，癸未命，行年七十六岁，十二月初四日吉时生。铸造覆盘，保安身位，求大吉祥"；第五层三块塔砖的正面楷书铭文为"大宋国温州在城右厢新河北界棣华坊太平东巷居奉佛弟子王氏四娘法名道坚舍大砖五百片入白塔寺造塔用"；两块的正面楷书铭文为"大宋国温州在城右厢新河北界棣华坊太平东巷居奉佛弟子郭清萧舍大砖五百片入白塔寺造塔用"。上述文物铭文分别提到了"右厢""新河北界""棠阴坊"和"棣华坊"。

1987年9月，温州市龙湾区对建于北宋元祐庚午至癸酉年（1090—1093）的国安寺千佛石塔落架大修，发现塔心中部孔洞的上口用二砖覆盖，其中一砖底部印楷书铭文"右厢南郭西界五马坊，弟子蒋真祐并妻张三十二娘、长男珣、次男瑛与阖家等，舍塔砖二千片，奉答四恩三有者"。

▲ 王振鹏的《江山胜览图》展现了宋元时
期温州城的繁荣景象。

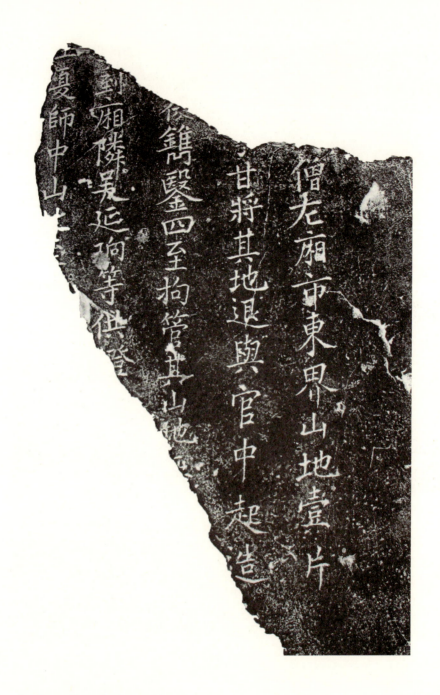

▲《海神庙残碑》明确提到了"左厢"
和"市东界"。

▲ 北宋白象塔塔砖，清晰可见"城右
　厢""新河北界"。

铭文提及"右厢""南郭西界"和"五马坊"。

温州博物馆收藏的一块塔砖，正面印有铭文："望京厢安定门外东第一保居住清信女弟子刘氏二娘为自身舍砖一千片。"铭文提到了"望京厢"。温州博物馆收藏的南宋淳熙四年（1177）林克诚墓志，碑文有"卜以明年戊戌四月葬于西山绿野原……厢号集云——公生前自治之所也"；南宋淳熙八年（1181）朱乂明妻沈氏圹志，碑文有"八年十月丙午合葬于乡贡府君之墓，墓在集云厢崇圣院右山"。碑文都提到"集云厢"。

清孙衣言《瓯海轶闻》引《绍兴十八年同年小录》，"（林懿成）本贯温州永嘉县右厢新河北界棣华里"，提到"右厢"。明弘治《温州府志》中《城门》等卷记载的望京厢、城南厢、广化厢和集云厢，大部分是指明代的城外四厢，少部分则可能是指宋代的温州城外厢，如"张忠惠侯庙，旧在城南厢巽吉山北。今徙瑞安门底。神张理。宋宣和睦寇至，统兵为先锋，出城迎敌""惠安禅院，在集云厢西山。宋咸平元年建"分别提到城南厢和集云厢。

宋代以前城内坊巷的记载散见于明弘治《温州府志》、明嘉靖《温州府志》和《岐海琐谈》等文献资料，具有由早到晚按时代规律增多的趋势。东汉有平市坊、永宁巷等。东晋明帝于太宁元年（323）设永嘉郡。相传郭璞选郡城于江南，登西郭山望诸山错立如北斗，华盖、海坛、西郭、松台四山似斗魁，积谷、巽山、仁王三山似斗杓，认为"城于山则寇不入斗，可长保安逸"。于是郡城东西依山，北临瓯江，南濒会昌湖，号称斗城，周长十八里，"凿井二十八以象列宿，街巷沟渠大小布列如井田状""屏蔽周完，而雄视于东南"。温州城市格局基础从此奠定。唐高宗于上元二年（675）析括州之永嘉、安固二县，置温州。城内设置了严格的坊市制度，坊门按时开闭。坊名见于史籍的有五马坊、墨池坊、百里坊、康乐坊、竹马坊、谢池坊、驯雉坊、遗爱坊、祈报坊、瑞颖坊、丰和坊、问俗坊、清平坊、止戈坊、宋泰坊、永泰坊、利仁坊、百贾坊等。

1935年永嘉县嵇师（今温州市郊双岭）出土的南宋嘉定十四年（1221）薛叔似圹志的碑文为"宋端明殿学士薛公，讳叔似，温州永嘉人，居梯云坊薛家巷"，提到他家住梯云坊。

北宋杨蟠《五马坊》诗:"相传有五马，曾此立踟蹰。人爱使君好，换鹅非俗书。"南宋祝穆《方舆胜览》引《永嘉郡志》:"自百里坊至平阳屿一百里皆荷花，王羲之自南门登舟赏荷花即此也。"提到百里坊。南宋薛季宣《浪语集》卷五《梦回》第一首云:"忆到梯云坊，哀伤韡鄂丝。"南宋诗人徐照有《移居雁池》诗，表明诗人自小住在雁池坊。

全国各地发现的一些宋代温州漆器上面题有温州城内街道、坊巷地名，如1977—1978年江苏武进县（今常州市武进区）出土的一批南宋漆器之中，沽酒图戗金长方形朱漆盒盖内侧题写"丁酉温州五马街钟念二郎上牢"，庭园仕女图戗金银扣朱漆奁盖内题写"温州新河金念五郎上牢";2005年温州博物馆征集的黑漆器的底部题写"□□温州百里□七叔上牢"，花瓣式朱漆碗的底部题写"乙酉温州新河导俗巷林六叔上牢";2003年松阳县西屏镇出土的北宋晚期包银黑漆粉盒的底部题写"癸酉温州百里坊叶家上牢"。这些漆器上面题写的地名有五马街、新河街、百里坊、梯云坊等城坊、街巷。

从"厢坊制"到"厢界街坊（巷）制"

厢界街坊（巷）制是一种比厢坊制更为复杂的城市管理制度。虽然杨蟠整理了城坊布局，但是随着城内居民的增加，到南宋时期，温州州城内已经"市廛充满，至于桥水堤岸而为屋"，城市变得越来越拥挤，居民区与街市互相交织，坊市格局发生了改变。许多原先的城坊，坊墙无存，变成了街巷，如奉恩坊被称为打绳巷，嘉会坊被称为范统制巷，百里坊变成了百里街。

城坊变为街巷，成为南宋时期温州城市格局变化的一个常态，只不过许多街巷仍旧保留坊名而已。同时，城市街道和河道也逐渐被居民侵占。据万历《温州府志》记载："府城四面有濠，濠上下岸各有街，彼时一渠两街，河边并无民居。宋绍兴间，居民侵塞，舟楫难通，火患冈备。"南宋温州州城的行政管理制度——厢界街坊（巷）制已施行了很长时间。

南宋刘宰在写给陈畏寺丞的回信中所提到的"四厢八界"是探讨宋代温州城市管理制度的重要线索。刘宰，字平国，自号漫塘病叟，祖籍涿州。绍熙元年 (1190) 登进士第，授江宁尉。开禧二年 (1206)，入浙东幕。其《漫塘集》卷十《回兖州陈寺丞畏》载："永嘉得刘教授部分城下为四厢八界，了不相紊，与其他规画皆可举而行，行之亦得人信从。"这里的"四厢"指城外四厢，即温州州城周围的望京、城南、集云和广化厢。四厢的具体方位，根据弘治《温州府志》的记载：望京厢在城市的东北面，宜春门、永清门、拱辰门外；城南厢在城市的南面，瑞安门、永宁门外；集云厢在城市的西南面，集云门外；广化厢在城市的西面，迎恩门外。塔砖和墓碑文物上的文字资料提到了望京厢和集云厢，古籍文献记载提到了城南厢和集云厢。

至于"八界"，应指城内八界。弘治《温州府志》卷十七《祥异·防寇》载："宣和庚子 (1120) 冬，方腊起帮源……刘教授士英与学生石砺白守倅招义兵，倅难之，固请乃许，遂榜示募兵，差官分户录姓名，期必集。……乃分城为八界，初集市东界兵于崇信寺……次日集监前界兵于天宁寺，会二界兵及来人三月二日集南郭东界……明日再集南郭西、新河、西北、市西、市中五界，及八千人。于是每界以一官统之，各据界防守，昼修城，夜巡警，又喻八界官择智能强勇者为队长……"很明显，刘宰信中所提"八界"是刘士英"分城为八界"的城内"八界"，即：市东、监前、南郭东、南郭西、新河、西北、市西和市中界。

对比研究是历史研究常用的一种方法。宋代两浙城市普遍建立起较完备的市政管理体制。在行政管理方面，主要有厢坊制、隅坊（巷）制、厢界街坊（巷）、坊巷制和界坊（巷）制等五种形式。其中，厢界街坊（巷）制是在厢下面增加一个二级管理单元，称为"界"，由此形成以厢统界、以界统街坊的三级管理体制。宋代温州城郭规模为城周 18 里，比当时江南地区府州城市的平均规模 17.3 里略大。因此，宋代温州的市政管理体制，应与规模相当的同类州城一样，湖州城就是其中之一。湖州全城分为四厢十七界。其中，左一厢统领南门、崇节、飞英、报恩四界；左二厢统领崇新、归安、中界、迎春四界。每界包括一定数量的街市和坊巷。温州城内设二厢八界，八界内同样包含一定数量的街市和坊巷。然而，其设置时间确实值得探讨。北宋庆历三年慧光塔内的"建塔助缘施主名位"清单提到了"左厢""市东界"，北宋政和五年白象塔塔刹铁覆盆、塔砖提到了"右厢""新河北界"，北宋元祐庚午至癸酉年国安寺千佛石塔塔砖提到了"右厢""南郭西界"。因此，北宋温州州城实行厢界街坊（巷）制管理制度是毫无疑问的。城内以"大街"为分野，东西分设左右厢，城外设四厢，城内左厢下设市东、监前、南郭东等三界，右厢下设南郭西、新河、西北、市西、市中界等五界，各界内有一定数量的街市与坊巷，形成厢—界—街坊（巷）社区结构。

从"市东界""南郭西界"的设置来看，"界"是介乎于厢、坊之间的社区结构。从弘治《温州府志》卷十七《祥异·防寇》"于是每界以一官统之，各据界防守，昼修城，夜巡警，又喻八界官择智能强勇者为队长"可知，界官为战时临时指定，"界"不是固定的管理机构。从"新河北界"来看，"界"的名称和管辖区域也在发生变化。但是，从"大宋温州永嘉县左厢市东界都商税务"来看，"界"仍然具有区划城市格局的作用，便于收税、治安等城市管理，设"界"的城市经济相对繁荣发达。

"厢坊新制"与"三十六坊"的重要价值

"天圆地方""天人合一"的哲学思想是支配中国古代社会城市规划的主要指导思想。《周髀算经》："方属地，圆属天，天圆地方。"《周礼·考工记》："匠人营国，方九里，旁三门，国中九经九纬，经涂九轨，左祖右社，前朝后市，市朝一夫。"在这种思想指导下，对称布局、方块田形分割、街道采用棋盘式端直设置成为城市的主要特点。

早期温州城市具备这样的特点，发展成熟时期的宋代温州城市更具备这样的特点。纵横交错的街道，方正整齐的街区布局犹如棋盘，恰如其分地利用贯穿傍依的自然山峦、河流和桥梁，勾画出滨海山水城市的如诗画卷，恰似千年"东方威尼斯城"。

厢坊制的出现和推广实施，反映了宋代社会经济的发展和城市的繁荣，反映了我国古代城市走向都市化的过程，对后世城市的影响可谓深远。厢坊新制在温州的实施，带动了宋代温州城市经济形态、人口居民结构、文化教育、社会生活、街区布局和社会管理的发展和变化。

无论是古籍文献资料，还是出土文物文字资料，传统街坊记载出现的频率很高，如五马街、百里坊、新河等，说明它们在宋代温州城区居民的经济生活中扮演了重要角色，发挥了重要的交通和商贸作用。它们至今仍然是温州城区重要的街道，这充分证明宋代是温州城市发展的成熟时期。宋代温州城市规划至今具有重要参考价值，是现代城市规划管理的重要参考依据。

第二章

市舶贸易　海上繁华

宫凌海

商品流通首先要有便利的交通。温州人通过海上交通，与临安、明州、泉州等沿海城市以及东亚的日本、高丽，东南亚的占城、真腊等国保持着密切的联系。南宋至元代，温州港进入繁荣时期，正式辟为国际贸易口岸，是全国沿海十个设置市舶务（司）的港口之一。从事海上贸易的商人，除温州本地人之外，还来自中国沿海各地与国外。市舶务的设立，起到了"招徕远人，阜通货贿"的作用，使温州成为"大商海船辐辏之地"。

▲ 温州位于我国海岸线的黄金地段，自古以来，
　航运发达，是海上丝绸之路的重要节点。

宋代是海上丝绸之路的繁荣期，也是我国古代对外贸易发展历史曲线的最高段。较之前代，两宋时期对外航海贸易在很多方面都有显著增长与提升。据南宋赵汝适《诸蕃志》载，通过海舶往来与宋建立起外贸关系的国家就有 50 多个。温州作为东南地区海外贸易的前沿阵地，在两宋时已成为重要的海外贸易港口之一，手工业快速发展，商品经济日趋繁荣，在南宋绍兴年间，更是出现"其货纤靡，其人多贾"的局面。

温州港与市舶务

温州古港位于中国大陆海岸线的中段，与北端的营口港（1042 海里），南端的三亚港（986 海里）距离几乎相等，与北面的上海港（320 海里）、宁波港（219 海里）和南面的厦门港（393 海里）、福州港（326 海里）距离也适中，靠近台湾，与日、韩及东南亚等国家也很近，有利于利用广阔的经济腹地和良好的海上交通条件发展对外贸易。自古以来，温州港作为全国的重要港口发挥着巨大的作用。

战国时期出现了原始港口的雏形，东瓯是全国沿海交通线上的九个重要港口之一。西汉惠帝三年（前 192），驺摇佐汉击项羽有功，被封为东海王，俗称东瓯王，建都东瓯，港口进一步发展。三国赤乌二年（239），永宁县属孙吴政权管辖，航海业颇为发达。永宁县境内设有官营"横屿船屯"，委派典船校尉监督罪徒造船。"横屿船屯"是当时江南三大造船基地之一，故有"万船"之称，谐音"万全"，地名沿用至今（平阳县万全镇）。两晋时期，南方局势相对稳定，吸引了大量的北方流民。由于需要安置的民众数量众多，不得不析临海郡设永嘉郡，温州港初具规模。到南北朝时期，由于远离中原战火，温州经济持续发展，尤其是制瓷技术得到了很大程度的发展，"缥瓷"享誉海内外。永嘉郡城也被世人称为"实东南之沃野壤，一郡之巨会"。

唐代，温州港已成为中国对外贸易的重要港口之一。唐高宗上元二年析括州置温州，其纺织业、盐业、酿酒业和以西山窑青瓷为代表的陶瓷业、以蠲纸为代表的造纸业等发展十分迅速。特别是造船业的兴起为温州港贸易发展提供了前提条件。据《日本书纪》引《伊吉连博德书》记载，唐高宗显庆四年（659），日本第四批遣唐使在前来途中，遇到逆风，坂合部石布大使乘坐的船漂到尔加委岛，坂合部稻积、东汉阿利麻等五人辗转到达温州。这是日本与温州船只交往的最早记载。唐武宗会昌二年（842），中国商人李处人在日本值嘉岛（现五岛列岛）造船，利用季风首先开辟了日本到温州的新航线。日本木宫泰彦所著《中日交通史》更为明确地指出，唐中期中国大商人，如李邻德、李延信、张支信、李处人、崔铎等，都自建海船，以船主身份多次来往于日本和浙江的明州、温州和台州之间。自唐文宗开成四年（839）至唐哀帝天祐四年（907）的近七十年间，日本商船停泊于我国楚州、苏州、松江、明州、台州、温州、广州等十余个港口。当时我国出口的主要货物有瓷器、丝绸、经卷、佛像、佛画、书籍和药品等，从日本进口的主要货物有砂金、水银、锡等金属及棉、绢等。同时，温州港与周边的明州港、福州港等已有海上贸易往来。

五代时期，温州属于吴越国，温州港是吴越国的重要港口之一，设有博易务，主要出口瓷器、茶叶、蠲纸及漆器等。受浙江和福建诸侯割据影响，温州港与南方和海外的联系基本中断，但与北方的登州和莱州等滨海

北宋熙宁十年（1077）铜权，瑞安仙降出土（左）。

元延祐六年（1319）温州路总管铜权（右）。

城市建立了直接贸易联系。

北宋，温州的海上交通贸易渐趋活跃，城北沿江港口停泊和往来的船只众多，赵抃登上拱辰门（朔门）城墙上谢公楼眺望江面时，曾以诗句"城脚千家具舟楫"来描绘港口的繁盛景象。杨蟠任温州知州时，曾作诗称赞温州"一片繁华海上头，从来唤作小杭州"。南宋至元代，温州港进入繁荣时期，正式辟为国际贸易口岸，是全国沿海十个设置市舶务（司）的港口之一。

宋政府为了加强对外贸的管理，在沿海重要港口城市、城镇设置了市舶司、市舶务、市舶场等不同级别的管理机构。《宋会要辑稿》载："绍兴三年六月四日户部言，今据两浙提举市舶司申，本司契勘临安府、明、温州、秀州华亭及青龙近日场务，昨因兵火，实无以前文字拱攒，本司今依应将本路收复以后建炎四年，绍兴元年、二年内，取绍兴元年酌中，一年一路抽解、博买到货物，比附起发变卖，收到本息钱数目开具体如后：一、本路诸州府市舶务五处，绍兴元年一全年共抽解一十万九百五十二斤另一十四两……"可见，南宋绍兴元年(1131)或稍前建炎二年至四年（1128—1130），温州设置市舶务，管理海外交通贸易，成为温州对外贸易发展史上的里程碑。大约在宁宗庆元元年（1195），温州市舶务被撤销，延续时间长达六十多年。元初至元十四年(1277)稍后，温州设置市舶司，再次对外开放。至元三十年（1293）后又撤销，并入庆元（今宁波）。市舶务（司）的设立，起到了"招徕远人，阜通货贿"的作用，使温州成为"大商海船辐辏之地"。随着海内外贸易的发展，港口的设施建设日臻完善。

温州市舶务隶属于两浙路市舶司。据《宋会要辑稿》载，南宋绍兴年间，温州等市舶务置专职监官。"绍兴十八年闰八月十七日诏，明、秀州华亭市舶务监官除正官外，其添差官内，许从市舶司各务移差官一员前去温州、江阴军市舶务，专从监官，主管抽买舶货，收支钱物。"温州市舶务设置后不久，曾于绍兴十年（1140）遭大火焚毁。《宋史·五行二上》记载，绍兴十年"十一月丁巳，温州大火，燔州学、酤、征舶等务"。征舶务，就是市舶务。从这条记载来看，温州市舶务旧址和州学所在地相距不远，而州学位置在今温州市区公园路名城广场一带。温州市舶务旧址当在此地附近。明弘治《温州府志》在"古迹"中记载"市舶务在龙首桥北"，则系另一说法。

政府在设立市舶机构的港口都设有外商招待所，温州就有待贤驿和来远驿。外国船商来时，被准许坐轿或乘马，由当地长官接见。中外商船出海时，市舶机构照例支应酒食，或设宴饯行，大小商人和船上一切人员都可参加。

朝廷在温州等地设立市舶机构后，赋税收入便成为国库收入的巨大源泉。据《宋史·范祖禹传》记载，北宋时，由于赋税收入的占比较大，"国家根本，仰给东南，而东南之利，舶商居第一"。宋高宗也曾说："市舶之利，赖助国用，宜循旧法，以招徕远人，阜通货贿。"明代著名学者顾炎武说："宋室南渡后，经费困乏，一切倚办海舶。"南宋初年，市舶收入占政府总收入的百分之二十。

官方对外航路与海外贸易

宋代的海外贸易航路可以分为东海航路和南海航路。东海航路主要是与日本、高丽的交通往来；南海航路主要是与南太平洋西部及印度洋地区诸国的交往，如东南亚的交趾（今越南北部）、占城（今越南南部）、真腊（今柬埔寨）、真里富（今马来西亚境内）、罗解（今泰国南部）、阇婆（今

北宋晚期龙泉窑青釉刻花大瓷碗，
温州朔门古港遗址出土（左）。

北宋瓯窑青釉剔刻花卉纹瓜棱执
壶，温州朔门古港遗址出土（右）。

印尼爪哇岛中部)、三佛齐(今印尼苏门答腊岛东部)、渤泥(今印尼加里曼丹岛)等国家,西亚的大食以及东非各国。

唐代海外贸易港口主要集中于广州、交州、明州和扬州,其中设置市舶管理的主要限于广州,表明当时开展海外贸易活动的地域较为狭窄。宋代设置市舶机构的对外贸易港口显著增加,从广东、福建到两浙,及至山东半岛,广大的沿海地区基本被卷入海外贸易发展的大潮之中。而贸易规模的扩大也促使宋政府不断完善对港口的贸易管理,将唐代仅派特定官员管理的市舶制发展为特设机构市舶司,管理范围亦遍及整个东南沿海,广州、泉州、杭州、明州、秀州华亭、江阴、澉浦及温州等港口长期设有市舶机构,北方的密州也曾实行市舶管理。

宋代温州对外贸易的发展离不开经济的繁荣。早在南北朝时期,文学家丘迟就曾赞叹温州水路交通便利、土壤肥沃,是浙南沿海地区的海上交通要冲和经济中心。到了宋代,市和坊的界限被打破,温州商品经济有了新的发展,商业市场日益繁荣。熙宁十年,温州在城商税额全年共达二万五千三百九十贯六文,超过了已设立市舶司的对外贸易口岸明州在城商税额二万二百二十贯二十文。可见,商税收入已成为温州地方财政收入的重要组成部分。

宋代温州造船业发达为海外贸易的繁荣创造了条件。温州是宋代全国十一个造船中心之一。北宋哲宗元祐五年(1090),全国官营造船场的每年造船额是二千九百多艘,其中温州、明州岁造船以六百艘为额,居全国第一位。此后,直至徽宗政和四年(1114),"明州合打额船并就温州每年打六百只"。可以想见,温州官营造船场规模之大。温州最大官营造船场设在永嘉县城北郭公山下沿江港口,有官吏五人,兵级二百四十七人。

南宋,温州的造船工艺有了进一步提高,已能依照"船样"(图纸)打造船舶。例如，绍兴三十一年（1161），温州进士王宪上奏中书省，福建、浙东安抚司打造的海船船样不同，希望下令福建安抚司依照温州平阳县蒲门寨新造巡船式样打造。这种新型巡船"舟阔二丈八尺，上面转板坦平如路，堪通战斗"。据《宋会要辑稿》载，嘉定十四年（1221），"温州言，制置司降下船样二本，仰差买官买木，于本州有管官钱内，各做海船二十五只，赴淮阴县交管"。这说明南宋温州造船场仍依照船样建造船舶。温州打造的纲船（粮船），一般载重量三四百吨，最大的达六百吨。船板有数层，每层分隔成十数个密隔舱，抗沉性较强。船型可从元代温州界画家王振鹏《江山胜览图》局部窥以管豹。2022年温州朔门古港遗址发现2艘沉船，其中的南宋沉船是一艘福船，载重量约200吨，可用于近海航行；北宋沉船相对较大，尚待发掘清理。沉船的发现，证明了温州造船业的发达和千年商港的繁荣。

北宋时期，温州的社会、经济等各个方面取得了较大的进步。农业、手工业的发展为温州港海外贸易提供了充沛的出口货源，奠定了温州港贸易繁荣的物质基础。温州的水稻、茶叶和柑橘得到大规模的栽培和种植，蠲纸和漆器的手工工艺越发精良，盐业也得到了较大的发展。

瓷器、丝绸、漆器是宋代温州对外贸易的重要商品。两宋制瓷业的发展，尤其是浙江、福建、广东沿海一带制瓷业的崛起，一方面是海外贸易繁荣带来的结果，另一方面又推动了海外贸易的进一步发展。宋代温州瓷窑除生产青瓷外，还生产褐色彩绘瓷、白瓷和黑瓷。北宋是瓯窑制瓷业发展的高峰时期，窑场众多，温州西山窑和瑞安外三甲窑等窑场的产品，不仅种类丰富，造型活泼，质量上乘，而且大量外销。日本上冈恭辅《中国古瓷器手引》一书在谈到日本镰仓海滨发现的大量青瓷标本来源时指出："昔时盛产青瓷之窑是温州、泉州与安溪，其他亦有小规模之窑。"可见，北宋

▲ 北宋六花瓣式漆碗，温州市区
百里坊工地出土。

温州青瓷曾大量销往日本。西山正和堂窑址出土的执壶、粉盒、灯盏、碗等与日本宇治市净妙寺遗址出土的青瓷，在造型、釉色方面非常相似。埃及福斯塔特遗址、朝鲜半岛、日本、菲律宾、马来西亚沙捞越、印度尼西亚、印度、泰国、伊朗等国家和地区发现的大量以往认为是越窑外销青瓷的瓷片与瓷器，应有一部分是北宋瓯窑外销青瓷。2022年温州朔门古港遗址北宋文化堆积层中出土的瓷片，以瓯窑青瓷为主，即是最为直接的外销证据。

北宋晚期至南宋初期，龙泉窑青瓷发展迎来了第二阶段，以金村窑为代表的工匠汲取耀州窑和定窑的制瓷经验，改进、细化装饰工艺，龙泉窑青瓷逐渐取代瓯窑青瓷成为主要的外销瓷。北宋元祐七年（1092），龙泉溪、恶溪等瓯江上游支流得到疏浚治理。造船业的发达和航道的改善，使船只昼夜航行更加安全，龙泉青瓷和其他地方特产沿瓯江顺流而下，经温州港销往海外。温州港对于龙泉窑青瓷的兴起、发展和外销，起着至关重要的作用。2022年，温州朔门古港遗址出土了较多的北宋晚期至南宋初期精美瓷器，证明了温州港是龙泉窑早期青瓷外销的始发港。南宋龙泉窑所产青瓷器，或胎薄如纸，或光润如玉，大部分沿瓯江上游从温州港输出，运销东南亚、西亚以及非洲等地区。这与温州在南宋初年被辟为对外贸易口岸有着密切关系。

漆器也是宋代温州重要的外销商品。《东京梦华录》《梦粱录》《都城纪胜》等文献的记载说明，宋代温州漆器产销两旺，北宋都城汴京（今开封）、南宋都城临安（今杭州）的繁华街道都开设有温州漆器铺。宋代温州漆艺经过长期的传承、发展和创新，博采众长，呈现出全面运用的趋势。新中国成立以来，瑞安市仙岩慧光塔、瓯海区梧埏白象塔、杭州市北大桥南宋墓、淮安市、常州市武进区、常州市红梅新村、常州市国棉二厂宋墓、邵武市南宋黄涣墓，以及温州市区百里坊、周宅祠巷、八字桥等建筑工地，出土了大量温州漆器，其中不乏北宋漆阿育王塔、北宋识文描金檀木舍利函、南宋戗金庭园仕女图银扣朱漆奁等漆艺精湛的精美器物，证实了温州是宋代全国制漆中心，通过海运远销国内外。2022年，温州朔门古港遗址发现漆器多达20余件，南宋沉船西侧干栏式房屋建筑周围出土最多，典型器物有六花瓣式漆盏托、圆形黑漆盏托、十花瓣式朱漆碟、攒犀忍冬纹方形漆盘等。南宋六花瓣式漆盒底部有朱漆题写"癸亥温州吴上牢"。

南宋时期，外国商船频繁往来于温州港，除日本外，高丽、南洋各国也与温州港有着密切的贸易往来，我国出口商品深受海外民众的喜爱，如龙泉窑青瓷、漆器、丝织品、蠲纸以及铜钱等。据包恢《敝帚稿略》卷一《禁铜钱申省状》载："惟倭船一项，其偷漏几年彰彰明甚，已不待赘陈。但偷漏之地非特在庆元，抽解之处如沿海温、台等处，境界其数千里之间，漏泄非一。盖倭船自离其国渡海而来，或未到庆元之前，预先过温、台之境，滩泊海涯，富豪之民，公然与之交易。倭所酷好者铜钱而止，海上民户所贪嗜者倭船多有奇珍，凡值一百贯文者，止可十贯文得之……"南宋统治者为解决铜钱和金银等贵金属外流的问题，曾下令以瓷器等代替贵金属和钱币交换外邦货物，可见龙泉窑青瓷对南宋朝廷和温州港的重要性。同时，温州港还与明州港和泉州港来往密切。1976年，韩国新安海底发现一艘元代沉船，船中满载中国瓷器等货物，共出水陶瓷器20691件，其中中国陶瓷20661件，数量最多的是龙泉窑青瓷。专家们认为，这艘船是从庆元出发，曾经在韩国停泊，在驶往日本的途中沉没。船中的龙泉窑青瓷，部分应是先从温州运往宁波，再转运国外。可见，宋元时期，龙泉窑青瓷除部分从温州港直接外销外，还有很多先运到宁波、泉州、江苏太仓、上海青龙镇等港口，然后再运销海外。前来温州从事经商活动的泉州商人也较多，南宋著名诗人翁卷就有"远从刺桐里，来看孤屿峰"的诗句，"孤屿"就是温州港内的江心屿。

关于海外输入温州商品的文献记载很少。南宋绍兴十五年（1145），日本商船载硫黄、布匹等物，遇大风漂泊至平阳仙口港。叶适《开元寺千佛阁记》载："氄衣卉服，交货于市。"氄衣卉服，就指外国人穿的衣服。嘉定十二年（1219），永嘉"大商漏船乳香直以万计"。宋末，永嘉王德用赴交趾，"遣乃兄回，金玉货宝犀象白牛角之类，充仞舟中"。可见，输入温州的商品主要是氄衣卉服、乳香、金玉货宝、犀象、白牛角、硝珠、金珠等奢侈品，也有赤皮甲、大刀、皮袋、硫黄和布匹等。

温州作为东南沿海地区重要的港口城市，在宋政府设立市舶务之后被纳入贡赐贸易体系，成为重要的对外贸易港口之一。加之得天独厚的地理和经济条件，使得温州在官方贡赐贸易中起着极为重要的作用。庆元元年，出于经济和军事方面的原因，温州等地的市舶收入大大减少。南宋政府决定"禁贾舶泊江阴及温、秀州，则三郡之务又废"，导致温州贡赐贸易一度停顿。

宋代温州海外贸易的发展并不是偶然的，除了优越的地理环境和自然条件外，还因为其独特的政治历史背景和社会经济基础。首先，温州长期安定、和平的社会环境为经济的发展创造了前提条件。自东晋初年设立永嘉郡并建造城墙后，温州的人口逐渐增加和集中，社会经济得到了不断发展。以后历经南北朝、隋唐、五代，全国各地曾出现军阀割据和农民起义等混乱情况，但偏处海隅的温州并没有受到大的战争破坏，保持了相对安定的局面，商业、农业得以发展，正如《吴郡图经续记》所载："地沃而物夥，……稼则割麦种禾，一岁再熟，稻有早晚，其品种甚繁。"入宋以后，北宋和辽、西夏、金的战争对温州也没有产生较大的影响。北宋末年，中原地区大批人口南迁，促进了温州人口的增加和社会生产力的发展。南宋，温州地近首都，社会安定，有利于经济、贸易的发展，人口增加很快。其次，入宋以后，在长期相对安定的社会环境下，随着我国经济重心的南移，温州的社会经济和造船业等得到了迅速发展，为对外贸易的繁荣奠定了基础。我国古代经济重心南移，始于唐代中叶。五代十国时期，南方仍然相对稳定，经济得以发展。进入宋代，经济重心南移的特点更为明显，南方已成为经济的命脉，"国家根本，仰给东南"。我国有很长的海岸线，其中大部分位于东南沿海，经济重心的南移、南方生产技术的发展必然促进温州等地海外贸易的繁荣，给商品经济的发展注入"兴奋剂"。特别是龙泉青瓷、漆器等外贸商品制造业的蓬勃兴起，更使温州成为辽阔的瓯江流域和浙南地区内、外贸物资的集散地、始发港和中转港。再次，宋朝政府重视海外贸易的发展，采取了鼓励从事海外贸易的政策和奖励措施，这是温州海外贸易繁荣的重要政治条件。

宋元时期温州海外贸易的迅速发展，有力地促进了城市的繁荣。大小店铺密布，诸行百业齐全，其中造船、造纸、雕版、印刷、陶瓷、漆器、纸伞、皮革等手工业已很发达，产品远销日本、南洋、朝鲜一带。四时游客，释道信徒，往来不绝；酒楼、茶室、客栈、歌馆日夜喧嚣；挑夫走贩，叫卖声声。南宋绍兴年间，中书舍人程俱曾提到温州是"其货纤靡，其人多贾"。南宋末祝穆《方舆胜览》卷九《瑞安府》载："海育多于地产，商舶贸迁云云。"在商品经济活跃和对外贸易不断发展的情况下，宋代温州各地普遍出现的"镇"和"市"成为繁荣的商业市场。

▲ 温州朔门古港遗址出土的 1 号
宋代沉船。

民间海外贸易

官方海外贸易蓬勃发展，这一现象反映出温州地区强大的商业基础。陈谦《永宁编》载："（会昌湖）西水二支，并通峥水，东岸为南塘市，临湖列肆，舟航来往。"可见，南宋南塘临湖列肆。林千之《寿安桥记》载："径川通阓带阛，故为万商之渊薮。"可见，宋元间平阳径川成为万商渊薮。周行己《浮沚集》载："君姓何氏，讳某，字子平，世为温州永嘉人。先无显者，自父祖以来，皆以利术厚其业，君生长其间，心习气染，若不学而能。及壮，即多就举贷，行贾江湖间……遂致累资千万。"南宋陈傅良《止斋文集》载："懿仲讳渊叔，承事郎文质之子，起家致资累钜万。"叶适《水心文集》卷七《林叔和见访道旧感叹因以为赠》诗道："不求垄断登，有路直如弦。计其所不为，敌富逾百千。"可见，北宋何子平、南宋林叔和林元章等温州人通过经商致富。

市舶务的设立，为民间开展海外贸易开辟了合法渠道。加上温州人特有的海洋冒险精神，推动了民间海外贸易的发展。分析海外贸易的原因，海洋冒险意识是内因，而外在的刺激也是重要构成要素，两者相互配合，为民间海外贸易的发展奠定了基础。据史料载，市舶务官员的仕途升迁与交易量直接关联，"闽、广舶务监官抽买乳香每及一百万两，转一官"。因此，温州市舶务官员必然会推动海外贸易的发展。在海外贸易繁荣的大背景下，温州涌现出较多的豪商巨贾。南宋周密《癸辛杂识》载："永嘉有蔡起莘，尝为海上市舶。"宋代著名小说《夷坚志》丁卷三《海山异竹》写到"温州巨商张愿，世为海贾……经五六日，得一山……愿始嗟叹而付之"。《夷坚志》还写了温州东山人王居。海外贸易成为温州商人积累财富的重要途径。

　　温州民间海外贸易呈现出两个特点。一是产品销售范围广。宋代温州漆器被誉为"全国第一"，无论是北宋都城开封，还是南宋都城临安，均设有温州漆器铺，可见温州商业产品在全国范围的影响力。温州漆器甚至成为皇家贡品："镇江府军资库杭州、温州寄留上供物，有螺钿椅桌并脚踏子三十六件。"在宋代活跃的商品经济大背景下，"皇家贡品"的荣誉不仅扩大了温州漆器在全国范围的影响力，而且推动了其商业发展。2013年，在发掘与保护南宋"南海Ⅰ号"沉船的过程中，发现了一件剔犀缠枝花卉纹花口漆盘，其工艺之精湛，确实罕见，据专家研究，应是温州产品。

　　二是走私贸易盛行。宋代官方海外贸易的兴盛使沿海地区商人看到有利可图，但在宋代贡赐贸易体制下，商人出海经商受到严格的限制。为了获取高额利润，他们不得不铤而走险进行走私贸易。

温州朔门古港遗址的发掘及其重要意义

　　2021年10月以来，为配合市政建设工程，浙江省文物考古研究所和温州市文物考古研究所联合对温州朔门古港遗址进行了考古发掘，发掘面积5000多平方米，发掘了水门头陡门、朔门瓮城、码头、沉船、干栏式建筑、木质栈道、带状瓷片堆积等一系列重要遗迹，出土了龙泉窑、瓯窑、建窑等瓷器2000多件，瓷片达10吨以上，还发现了丰富的漆木器、琉璃器等类别遗物。中国社会科学院学部委员、中国社会科学院考古研究所原所长刘庆柱先生认为，通过温州朔门古港遗址的发掘，可以重新认识温州在古代海上丝绸之路中的定位。海上丝绸之路的核心是港口，港口一出一进，构成了中国和海外交通的重要物证。温州朔门古港遗址的发掘，恰恰

▲ 温州朔门古港遗址的发掘，实
证了温州千年商港、"海丝"节
点的历史定位。

从遗迹到遗物为海上丝绸之路提供了充分证明，是海内外商品经由海上丝绸之路走出国门和走进国门的一次重要发掘，也是海上丝绸之路在宋元时期进入鼎盛的充分证据，实证了温州千年商港、"海丝"节点的历史定位。温州古港遗址也是目前国内发现的结构最完整、年代最清晰的港口遗址，对于研究海上丝绸之路具有关键的指向意义。中国社会科学院历史学部主任、学部委员、中国社会科学院考古研究所原所长王巍先生认为，温州朔门古港的考古发掘是一项非常重要的考古发现。党的十八大以来，我国的历史时期考古，尤其是宋代及以后时期的考古逐渐得到重视，其中海上丝绸之路的考古特别得到了重视。近几年，与海上丝绸之路有关的发现不断涌现，比如苏州太仓的樊村泾遗址、上海青龙寺遗址等，另外泉州成功申遗也越来越引起学界和社会的关注。朔门古港遗址的发现，为"海丝"研究提供了新的资料。温州是"海丝"的重要港口之一，而且主要是出口龙泉青瓷的港口，该遗址的发掘填补了宋代和元代两个时期港口遗址的空白。这样一个海上丝绸之路的港口保存得这么好，在全国范围内都是罕见的，也是新时期考古文化遗产保护的一个经典范例。

改革开放后，温州是我国第一批对外开放的十四个沿海重要港口城市之一。早在宋代，温州已成为我国东南地区海外贸易的前沿阵地，社会安定，经济繁荣，手工业发展，商业繁荣。温州设立市舶务（司），"招徕远人，阜通货贿"，造就了温州人敢于冒险和开拓创新的精神，创造了大航海时代温州经济繁荣发展的奇迹。温州朔门古港遗址的发掘，成为连接温州千年商港繁华历史与璀璨明天的项目纽带。市舶贸易，海上繁华，海上丝绸之路正是当今温州经济发展值得思考借鉴的重要模式。

第三章

其货纤靡 其人多贾

高启新

宋代温州是一个手工业发达、商业繁荣、百姓生活相对富足的地方。温州手工业作为具有一定文化内涵的物质产业，以经济和商品交换的发展为依托，在宋代取得了迅速的发展，涌现出一批在全国占有重要地位的产业，如造船业、漆器业、制瓷业、丝织业、酿酒业、金银器加工业等。"其货纤靡，其人多贾"是对宋代温州手工业商品和温州人的最好诠释。

宋代是继汉初之后的又一个商业繁华期，商业化的浪潮席卷了宋朝国境。"货殖之事益急，商贾之事益重。"经济上出现了革命性的变化。温州工商业正是在多重利好因素的叠加中得以实现的。首先是人口增长。宋室南渡，定都临安，"民之从者如归市"。叶适《水心别集》卷二称："四方流徙尽集于千里之内，而衣冠贵人不知几族。"通过下面一组文献数据可以直观地看到，四方移民充实温州人口基数的程度是非常惊人的：在北宋崇宁间（1102—1106），温州所属各县户数 119640 户，丁口数 262710 人；到南宋淳熙年间（1174—1189），户数剧升至 170035 户，丁口数达 910657 人（清乾隆《温州府志》卷十《户口》）。在七八十年间，人口增加近 2.5 倍之多。而人口的增加加速了温州城市化的进程，府城物理空间的拓展尤为明显。据明万历《温州府志》记载："府城四面有濠，濠上下岸各有街，彼时一渠两街，河边并无居民，宋绍兴间，居民侵塞，舟楫难通，火患罔

南宋金凤凰饰件，温州市鹿城区人民路水仓
组团工地出土，温州博物馆藏（上）。

南宋一两金叶子货币，温州市鹿城区人民路
水仓组团工地出土，温州博物馆藏（下）。

▲ 北宋活字印刷版《佛说观无量
　寿佛经》，温州市瓯海区白象塔
　出土，温州博物馆藏。

备。"读历代诗人所存世的诗作，唐代诗人张又新《华盖山》诗云"愁来始上消归思，见尽江城数百家"，至北宋周行己《绝境亭》描述温州城市"下瞰万瓦居，缥缈见楼阁"，再到南宋徐照《题赵明叔新居》已是"十万人家城里住，少闻人有对山门"。从"山城数百家"到"十万人家城里住"，虽有诗人修辞的夸张，但南宋城市人口激增是不争的事实。据文献统计，在绍兴初年，府城人口大约是三万人，至乾道年间，城区人口已近十万，短短三十年间，城市人口就增加了两倍多。南宋的温州，人口的增长是其商业化进程的一个重要因素。在大时代的推动下，温州迅速完成人力资源的储备；占城稻引种的推广、粪肥的使用，提高了水稻的单位产量和粮食剩余率；里坊制的崩溃，创造了更大的商业流转交易空间；唐代苛严的人身依附关系，被自由的租佃代替；商业的契约化，加强了财产私有化；文化教育崛起，永嘉学派践行。以上这些都为温州商业化的华丽转身提供了物质与智力的支撑。

宋代温州手工业的发展正是依托商业的繁荣而实现的。

百工：顺应潮流的千品万象

宋代温州手工业的多元多姿的呈现，既有推陈出新的活力，又迎合了开放的商业化社会转型的机缘，有着鲜明的地域特色和时代特征。在温州产业与劳动力互动的雇工现象中，涉及的领域包括工业、商业和农业。甚至出现了专业分工的专有名词，如纺织业，对小型作坊或是机织家庭称之为"机户"；又如柑橘种植业，有负责经营的"园户"和受雇用的"园丁"等。在漆器行业，从铭文所记的地址来看，大部分是私营的个人作坊。在温州出土的一件漆器上有这样一段铭文："庚□温州□□陶九叔造王五叔上

▲ 洞头九亩丘宋代煮盐遗址。

牢。"表明"造"者与"上牢"者是此件漆器的合作者。这种分工是产业链上的分工还是雇佣的关系，无法确定，但也说明一件珍贵精美的漆器可以由多位工匠分工完成。手工业分工已露端倪。

在与茶、盐行业同为国家专营的酿酒业中，每年温州贡献的酒税达五万贯以上，可见温州酿酒业规模并不小。酒是暴利行业，宋代酒课是军费的主要来源。按温州人经商的性格，酒利的好处是不会落下的，但宋初对私酿酒管得很严，一直到了南宋绍兴年间以后才逐渐放松，酒商报备纳税后，可自用，甚至私卖。如宋叶适《记永嘉风土诗》"琥珀银红未是醇，私沽官卖各生春"一句中"私沽官卖"就是当时的现象。劳大舆《瓯江逸志》记载："昔人有云永嘉及绍兴酒绝佳，胜于苏州。"宋代《武林旧事》所罗列的临安铺席中各色名酒共五十四种，其中温州所产的名酒有三种：清心堂、丰和春、蒙泉。虽为时人所称誉，因丰和与蒙泉皆为地名，以此为名的两种酒有可能为民间手工业者的私酿酒。此外，在温州的手工业中，如近年在温州各地出土的高品质金银用器，有一部分出自本土匠人之手，在用工上继承了唐代金银器的翻铸、焊接、压印、捶打、錾刻、镂雕等匠作手法，别开生面。竹丝灯列为贡品，制作工艺流传至今。永嘉人叶谷的油烟墨制作堪称独门绝活，可与潭州人胡景纯媲美，可惜其工艺今日在温州已绝迹。

盐、纸、茶、酒贡献的商业税占总体税收很大的份额。根据《宋会要辑稿·食货》卷一六之七至八记载：北宋熙宁十年，温州永嘉县的商税有二万五千三百九十一贯六文，是当时全国各县平均商税的七倍。商业催生了手工业交易的特色集镇。北宋时期，温州一府四县计有七镇：乐清县柳市镇、封市镇，瑞安县瑞安镇、永安镇，平阳县前仓镇、琶曹镇、泥山镇（宜山），永嘉县白沙镇。在集镇设有专有"场务"，负责"过税"和"住税"。

据《宋会要辑稿》食货一六《商税二》记载：北宋熙宁十年，温州一州的商税共为四万一千八百九十八贯，其中瑞安镇为六千二百八十七贯。当时全国各县的全年商税平均为三千五百八十一贯，瑞安镇则为其近两倍。温州的手工业是商业税的重要来源，这也从一个侧面印证了温州手工业在两宋特别是南宋时期已进入全面发展的快车道。

盐、茶、酒在宋代实行严格的专卖制度。温州因其得天独厚的海岸线与丰富的盐利资源，自古以来就是重要的海盐产地。见诸正史的记载始于唐代。唐代设有专门管理的盐务管理机构。唐大历年间，著名诗人顾况就以永嘉监盐官任职温州。宋初有天富南北监、密鹦、永嘉三处盐场，年产七万四千余石；南宋绍兴年间增至五处，年产海盐十九万四千余石，比北宋前期增加一倍半多。以两浙路统计，共四十余处盐场，温州占八分之一；按份额来算，两浙路盐业生产的高峰期，温州占有十分之一的总量。而且经过技术的革新，如制盐方法由海水煎盐改为晒灰淋卤煮盐，以及莲管法试卤被发明，从产量和质量来看，温州在盐业中的地位显而易见。在供需两旺的大背景下，温州产盐除了满足本土需求，还销往越州、处州、衢州、婺州等地。南宋时，各地盐利已占国家总财政半数。正如高宗所言，今国用仰给煎海者，十之八九。南宋时，北方边塞军事吃紧，依照西汉桑弘羊在《盐铁论》的观点，"边用度不足，故兴盐铁……以佐助边费"。而盐利对边疆战事的调度起着举足轻重的作用。温州随着盐场数量增加、生产工艺水平提高，盐产量稳步上升，温州盐业成为国家创收的最重要来源之一。温州制盐业的生产规模的扩大，增加了税收和就业机会，也带动了下游的相关产业的发展，如海鲜鲛鱼在北宋元丰年间列为贡品，用海盐腌制的鱼鲞远销两浙诸地。

温州的商业化进程中，农民从依附关系中解脱出来，生产积极性大大提高，并在扩大经济作物种植的过程中，寻找生财致富的发力点。其中包括柑橘、茶叶的品种改良和种植面积扩大。柑橘是温州最重要的传统经济作物。《三国演义》"魏王宫左慈掷怀"节提到曹操传令孙权往温州取"柑子"。柑橘列为贡品在《新唐书·地理志》中已有明确记载。宋代温州柑橘已成水果界的珍品，运销各地，誉满天下。王十朋盛赞家乡的柑橘说："洞庭（橘）夸浙右，温郡（柑）冠江南。"由温州知州韩彦直亲撰的《橘录》一书，也成为世界最早的关于柑橘栽培的专著。书中不但详述了温柑的种植、品种、销售等情况，而且认为出产自平阳泥山（今龙港市宜山）的乳柑，"实大而繁，味尤珍"，才是"真柑"。由于温州四县广种柑橘，因此出现了商业化的雇佣关系。种植柑橘的庄园主"园户"雇用"园丁"进行日常管理，临时招募大量雇工采摘成熟的柑橘，经批发商"舟载至江浙间，青柑固人所乐得，遇涂柑则争售"。这些现象，反映出宋代温州农副产品扩大再生产的过程中，手工业者自由支配劳动力的现状。特别是南宋定都临安后，柑橘通过低成本的水运销往都城及两浙路其他区域成为可能，而且"橘一亩比田一亩利数倍"，柑橘成为最重要的经济作物。温州跃居两浙地区最大的柑橘栽培区，并诞生了中国最早的农艺专著。

温州的茶叶在唐代名声渐起，茶圣陆羽《茶经》称"永嘉县东三百里有白茶山"。《唐书·食货志》也记载，浙江产茶有五十五县，温州永嘉、安固等四县名列其中。在斗茶风靡的两宋，温州茶的年产量在五万七千斤左右，虽无法与建茶专属区相比，但其产区山高雾多，品种均为第一、第二等级的好茶。温州茶的种植面积在南宋时期有较大的扩大，平阳县在崇宁年间（1102—1106）还曾开设官办茶园，各地茶园多为民营，因此种茶也成为地方农户重要的获取收入的副业。"中妇扫蚕蚁，挈篮桑叶间。小姑摘新茶，日斜下前山。"这正是永嘉四灵之一的徐照用诗对桑茶采摘的场景生动形象的描绘。宋政府将茶严控为专卖商品，采用茶引法，购销一般由商人完成，茶农除了小部分留待自用，大部分进入城市市场流通，用收入换回家庭需要的商品。产品自由销售交流，丰富了多元市场，也提高了宋代温州手工商业的活跃度。

造纸业到两宋时期迎来了黄金期，源产于唐代温州的蠲纸至宋代备受文人士大夫推崇。因其数量稀少，据宋《元丰九域志》记载，蠲纸年贡朝廷仅五百张。这种以桑树皮纤维、嫩竹为原料的桑皮纸，先用米粉、面粉、朴硝煎制成药浓液冷却后，再将纸膜过胶矾、干燥、刷药、干燥、上蜡、打光等烦琐严格的工序始成。纸成后"洁白坚滑，过于高丽纸"，书写时不致走墨晕染，"士大夫喜其有发越翰墨之功效。争捐善价取之，一幅纸能为古今好尚，殆与江南澄心堂纸"。宋代著名诗人杨万里、曾几对蠲纸的性能给予高度的评价。遗憾的是，蠲纸生产至明代，因生产污染环境等问题，恤民的知府何文渊奏请朝廷，关停作坊，蠲纸生产由此歇业失传。直至上世纪六十年代瑞安仙岩慧光塔出土朱丝栏墨书《妙法莲华经》写本，其纸质光洁细腻、坚滑如新，正如当代印刷史专家张秀民在提及吴越国经卷时所说："温州出蠲纸，洁白坚滑，这就具备了写经印经的物质条件。"因此，此经书所用纸很有可能即为蠲纸原型。

与造纸业同样精妙的是温州的印刷业。北宋时期，杭州为当时全国四大印刷中心之一，而温州得益于地缘的优势和从业者的心灵手巧，印刷业同样发达。上世纪六十年代从慧光塔和白象塔出土的一批佛经刻本，法书森严，镌刻精妙，可推测出自温州本土刻工之手。现存的珍贵宋版图书《大唐六典》《白石诗卷》《周礼井田谱》《仪礼》等皆为温州刻本。其中《大唐六典》注明温州府学，刊刻于绍兴四年（1134），名列国子监官方版本，书上列温州刻工十一人。

造船：通江达海的造船业

　　在地理上，温州三面环山，一面临海，山民的务实与渔夫的冒险闯荡精神交融，使得东瓯先人很早就学会与海和谐共生共存，凭借"瓯居海中"的地缘，依山拓海，通过修筑塘河，将淤积成陆的海岸线向外平推，形成了东部靠海区域年轮状的温瑞平原、瑞平平原，今天温州城区 80% 以上的陆地皆来源于此。大面积的浅海滩，依借独木舟等浮海工具，使温州造船的历史具有早熟的特点。近年在温州沿海一带发现的石棚墓与朝鲜、日本等地发现的支石墓高度相似，由此可以推测，在距今 3000 多年前的青铜时代，东亚文化之间存在着凭借海船往来的交流。章巽在《中国古代的海上交通》一书中称战国的温州已成为当时全国的九大港口城市之一。西汉时期，为解除闽越对东瓯国的围困，严助从会稽发兵浮海救援，说明船只制造和运用已趋成熟。有了源远流长的技能铺垫，至三国东吴，设船屯于东瓯在所必然。唐宋以来，随着造船技术的发展，依托浩瀚的大海寻

　▲ 宋代温州造船业享誉全国，规模水平超越前代。图为古代造船样式。

求更广大的地理空间和物质获求，成为具有冒险精神的温州人释放活力的突破口，李处人造船浮海来温，周伫凭船险渡高丽，当然还有无数温籍海商巨贾如张愿、王德用、葛宣义等穿梭于大洋之间，求得巨额利润。

特别是由于南宋北方东西陆路因敌对政权受到阻碍，加之南宋政权本身对海利的渴望，宋高宗认为："市舶之利，颇助国用，宜循旧法，以招徕远人，阜通货贿。"因此，温州作为南方海上丝绸之路的节点城市，加之瓯江流域素以瓷器烧制闻名，以龙泉窑、瓯窑瓷器为代表的大宗产品汇集温州港，输往诸洋番国，形成了"百粤三吴一苇通"的盛景。可以说，这一切都离不开温州传承有序的造船历史和航海技术的支撑。温州人正是通过内盛外拓，以海为陆，以舟为犁，将温州本土逼仄的空间进行有效的拓展。温州之所以成为中国南方山海交融、依山拓海的成功典范，都是因为有了船这一介质。

历经数百年的经验积累，宋代温州造船业规模水平超越前代。北宋真宗天禧五年（1021），温州年造船量在 125 艘，此时全国官营造船总额为 2916 艘。到了哲宗元祐五年，与明州合造船年 600 艘，一跃而居全国之首，成为当时全国造船中心之一。远在北方抗辽前线的澶州架浮桥用船，朝廷也差官来温订购船只。南宋时期，温州造船的规模虽有缩减，但品类繁多，有纲船、战船、漕船、商船、游船和出国使船。温州先进的造船技术依然为其他地方所仿效，温州籍进士王宪给朝廷上书称，"福建、浙东安抚司打造海船，缘两路船样（图纸）不同"，会造成将来号令不同的困难。他请求中书门下省"依宪自己海船样为式，庶几将来海道两路舟船不致挽先拖后，得成一艨，容易号令"。作为海船设计师的王宪的建言得到朝廷的认可，因其"陈献海船利害，委有可采"，被当朝"补承节郎，差充温州总辖海船"。温州所造船只中，海船因海水吃水线深，以尖底船为主，可经风涛大浪，宜用为海贸或战船；河船一般为平底船，吃水浅，航速快，主要担任内河漕运的纲船，制作工艺上，陈傅良在《舟说》一文中对宋代温州的船样有一个详细的描绘——大船由樯（桅杆）、帆、柁（舵）、磴（石碇）、维（绳）、棹、篷、舟等组成，并对部件功能进行了解读。全船各结合部用不同形状的铁钉固定，以桐油、石灰、麻丝填充缝隙，有几个或十几个船舱不等，载重5吨至200吨以上，大船乘员可达五六百人。得益于造船业发达，当时温州水军力量也相当雄厚。如开禧二年冬，"楚州（淮安）申（报）敌犯清河，宜备江面"，朝廷下令"关拨"都统司温州、福州防秋把隘海船45只及劝客船27只，于屯焦、金山一带防捍江面，抗击金兵。

随着造船业的发展，温州的江河湖海不再是阻隔。精湛的造船业和娴熟的航海技术，使温州四通八达的内河水运与海洋贸易相得益彰。南宋温州有专营指南针的店铺，造船、修船已经开始使用船坞，并创造了运用滑道下水的方法。

瓯窑：海丝路上的"压舱石"

温州古称"瓯"，从瓦，有史学家认为，瓯人以善制陶而冠名。瓯人烧陶的历史可追溯至新石器时代，但原始青瓷的出现则晚至商周。

烧制成熟瓷器包含四大要素：瓷石（高岭土）、水（制作与运输用途）、能源（烧制燃料）以及工艺。众多商周遗址出土的原始瓷，目前暂无法确定烧造的窑口，如瑞安石棚墓中出土的施有青釉的小盂，与浙北同时期的一些土墩墓出土的同类器形制和风格相似，不排除当时物品跨区域交流的可能。这种原始青瓷，虽然具备了四要素的前三项，但还没有达到理想的

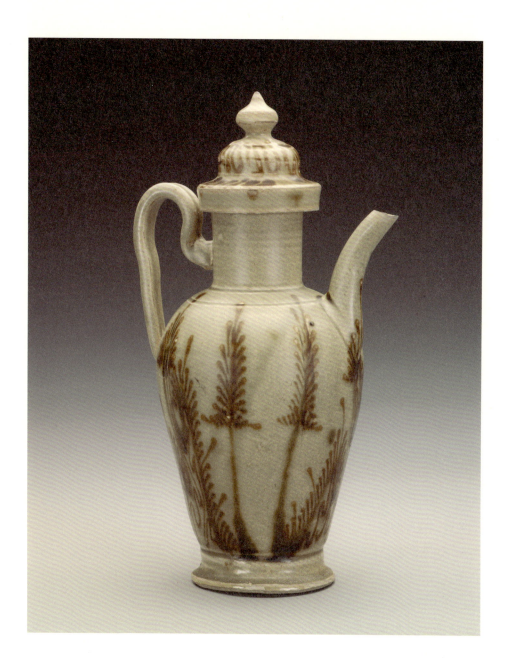

▲ 北宋瓯窑青釉褐彩蕨草纹执
壶，温州市西郊锦山出土，温
州博物馆藏。

工艺水平。四要素的完美结合，在温州要到东汉中期才出现。这种用草木灰碱釉、烧制温度达 1200 摄氏度以上、吸水率极低、经化学反应而成的制品，带有明显的本土特征，也成为青瓷发源地浙江最早的产品之一。如瓯海丽塘东汉墓中出土的 40 多件青瓷，可视为这一时期的典型代表。

作为瓷器大国，中国别具风范的浙江青瓷体系中，瓯窑发展的脉络是清晰的，它发展成熟于由群山、大海与江河形成的一个相对阻隔的特定空间环境。但由于长期处于民窑的地位，瓯窑的辨识度并不高。从东汉中晚期至唐，它以原材料的优势先沿着楠溪与瓯江交汇的狭小区域布点烧制，这一带也成为成熟瓯窑青瓷的发源地，并具备规模化的运营，形成了很长时间的影响。宋、元以后，以瓯江沿江一带的码头为中心的温州港发展成为内外销的重要节点。故此，城郊西山、飞云江沿岸等不少地方瓯窑作坊遍布，从西山到净水窑口延绵数十公里，形成了瓯窑生产新的集中区域。

宋代，随着瓯江上游龙泉窑青瓷的崛起，它对下游瓯窑的产能发展形成冲击。特别是在釉色观感上，以石灰碱厚釉为特征的粉青和梅子青龙泉瓷器，其高玻化的玉质感釉面，视觉上单一色釉的简逸风格，既为追求雅逸邈远的文人士大夫所追捧，也赢得了国内外客商的共性审美。而虽说瓯窑在北宋依然保持强劲的发展势头，出现了东晋以来的再度高峰期，但南宋之后，以瓷器、丝帛等为代表的外销硬通货得以确立其地位，龙泉窑与景德窑以量广质优的品牌形象抢占商机，各领风骚，平分国内外瓷器市场，而政府以官办的形式，推动了这些新兴瓷器产业的健康有序发展。南宋后期至元，从目前存世的瓯窑产品来看，瓯窑不管器型、胎釉呈色还是产量，依然具有可圈可点之处，它最终式微并非败于器物本身，而是时代价值标准、艺术审美的变化使它在激烈的市场中最终谢幕。

瓯窑从元以来鲜有文献提及。但从东汉至元这千年时间里，瓯窑的烧制从未间断，因此它的存量依然是相当可观的。瓯窑有别于浙江其他青瓷窑口（如越窑、婺州窑），它在胎料、釉色等方面的特点逐渐引起关注。尤其在宋代，以西山正和堂、永嘉启灶、乐清瑶岙、永嘉岩头等为代表的瓯窑出产的青瓷成为"海丝"外销的主力军。宋代由上而下追求素静、雅逸之风，卷草、蕨草、莲花、葵花、牡丹、菊花、兰花、蕉叶、双蝶、鹦鹉、秋蝉等动植物装饰于器物表面成为常态，甚至永嘉学派经世致用之学的精义"万事皆道"也标明于内饰，足见窑工与时俱进、顺应自然的匠心。从元至清的较长时间里，瓯窑几乎因无人提及而寂寂无闻。直至清末民初，一批地方乡贤，如孙诒让、吕渭英、沈桐轩、赵均等，才在其笔记中有零星记录。上世纪三十年代以来，陈万里、邓白等诸多学者以田野调查的方式关注瓯窑。把瓯窑重新拉回到人们视线的，是上世纪五六十年代以来文物部门持续开展的田野考古调查和发掘。随着瓯江、飞云江流域百余处的窑址的发现，瓯窑发展的序列逐渐清晰。

有言道，一部东瓯史，半部在瓯窑。瓯窑充满真趣，善于接轨时代风俗，不同时代的文化潮流都可以在瓯窑产品里"对号入座"。在三国时期的瓯窑堆塑罐上，有手抱琵琶、高眉深目的胡人现身其上，也有仿生的温州特产弹跳鱼匍匐器肩。远销东晋政治文化中心的瓯窑产品，从东晋都城建康周边的高等级贵族墓地里被发掘出来，其精致程度令人叹为观止，其流通之远超出想象。特别是六朝时期，多项具有开先河意义的技术出现在瓯窑的瓷器烧制上，早于长沙窑的釉下褐彩装饰手法在瓯窑中得到广泛应用；尤其是被文人士大夫视若珍璧的"缥瓷"出现在文学作品里，加深了社会对瓯窑的认同感。近年温州一些重要窑址的考古发现，使人们重新认识了唐代瓯窑窑场的经营模式，它比后世的理解要复杂；从被遗弃的残件的刻划铭文中所发现的民营官监性质、高品质的一次性使用的窑具，祭祀坑等，都是值得研究的现象。到了两宋的瓯窑，从目前发现的产品来看，内销与外贸的特点明显。随着北方陆上丝绸之路因辽、西夏、金等割据政权侵扰，东西方交流的坦途不复存在，由此，宋代开始关注东部及沿海的海上经营。特别是宋室南渡，高宗驻跸温州的经历，政治、经济和文化中心的南移，给"海育多于地产"的温州带来了机遇。展开温州的人文历史多彩面貌，不难发现，从春秋战国以来亲海性的石棚墓，到早期港口的雏形，再到富有个性的瓯窑产品，以及善于造船蹈海的特性，它们就像一股潜流，一遇上南宋政府的大力扶持推动，通江达海的港城就随即"全盘皆活"，由此迎来历史上最辉煌的"高光时期"，海上贸易也进入了延续百余年的黄金期。海贸的具体物品，瓷器充任首选，瓯窑自然也成为丝路帆远的海船的"压舱石"。

漆器：雅逸风尚的上牢精品

温州本土并不产漆，正如明弘治《温州府志》所言："漆非土产，仰于徽、严之商，征重而价贵，故人力取精而倍其赢，于是温之漆器名天下，其初精致之甚，奇彩异制，夺目光烜。"这似乎是温州漆器何以精妙的答案，但所说是知其然，却没道出其所以然。历史上，温州无原料优势、无漆器的制造传统，为何唯独选择这种需要高超技艺的漆器作为拳头产品选项，并能制作出精美绝伦的产品，风靡大宋帝国呢？众所周知，漆器一直以来都是中高端产品，甚至是奢侈品，今天我们能理解的是，在"货殖之事益急，商贾之事益重"的背景下，温州人凭借敏锐的嗅觉，已闻到浓厚的高利润的商机。温州商人通过"代工"，盘活资本，在追求产品的卓越过程中，实现高附加值的收益。这也很好地印证了明万历《温州府志》中的中肯评价："瓯于浙为海国……海壖土著之民，往往能握微资以自营殖。"这种"无中生有"的本事，以小博大、吃苦冒险的精神，经过永嘉学派经世致用理论的加权，正是当代温州人"敢为人先，特别能创业"的源头活水。

宋元时期的温州漆器的光环，明清以来已渐暗淡，较长时期里仅能在文献里窥见一斑。见诸权威书刊的有南宋孟元《东京梦华录》、耐得翁《都城纪胜》、吴自牧《梦粱录》等关于温产漆器在两宋京城繁华地段开设专卖店的文字。孟文里提到，在都城汴梁的宣德楼前御街上开设有温州漆器什物铺。《都城纪胜》中称，都城天街温州漆器铺与青白碗器铺、布铺、扇铺形成了"广大货物"的业态。相较成书最迟的《梦粱录》，文中收录的漆器店名最多，临安有水巷桥下的彭家温州漆器铺、平津桥沿河的黄草铺温州漆器和水漾桥下的温州漆器铺。这几本书的作者都是两宋的亲历亲见者，如《东京梦华录》成书于南宋绍兴十七年（1147），是孟元老在崇宁二年（1103）以后的二十余年间写成，可称得上是信史。另外官方志书中也有温州漆器的记载，如《宋会要辑稿》载靖康二年（1127），镇江官府仓储中有杭州与温州等地上贡的螺钿椅桌、脚踏子三十六件。以上这些文献里有关温州漆器的记载虽说只是片言只语，但经过系统的拼接依然可见宋代温州漆器声名之广，也证明了产量规模之大。遗憾的是，温州漆器的历史地位，一直没有得到彰显。如成书于明隆庆年间的《髹饰录》中，作者黄成认为，北宋漆器名匠多在河北定州，宋室南渡后，工匠转迁，嘉兴漆工闻名一时，是南匠北来的体现。此书是国内旧时唯一的漆艺专著，代表性观点一直流传，故此，温州漆工寂寂无闻。温州人开到汴梁、临安的这些漆器专卖店肯定是卖温州本土产的漆器，那么，这些产品的本来面目如何呢?它的生产地是在哪里呢?直到1949年后，新中国考古工作深入开展，大量带有温州铭文的精美漆器出土，文献与实物的互相补证，这些疑问才

南宋戗金仕女庭园消夏图银扣莲瓣形
朱漆套盖，江苏省常州市武进区南宋
墓出土，江苏常州博物馆藏。

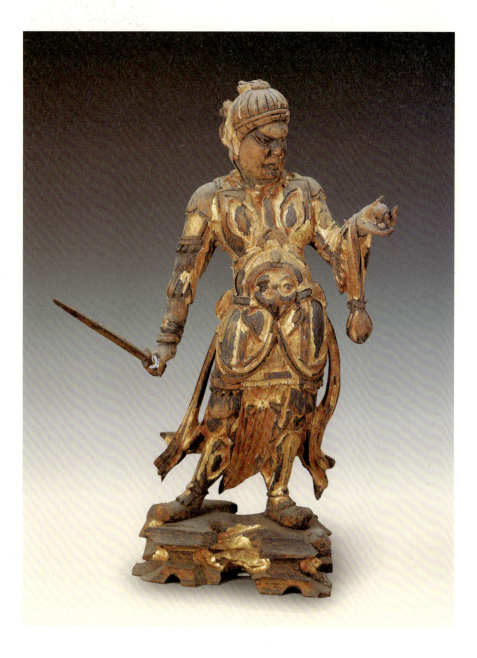

▲ 南宋戗金沽酒图长方形朱漆盒盖，江苏省常州
市武进区南宋墓出土，江苏常州博物馆藏。

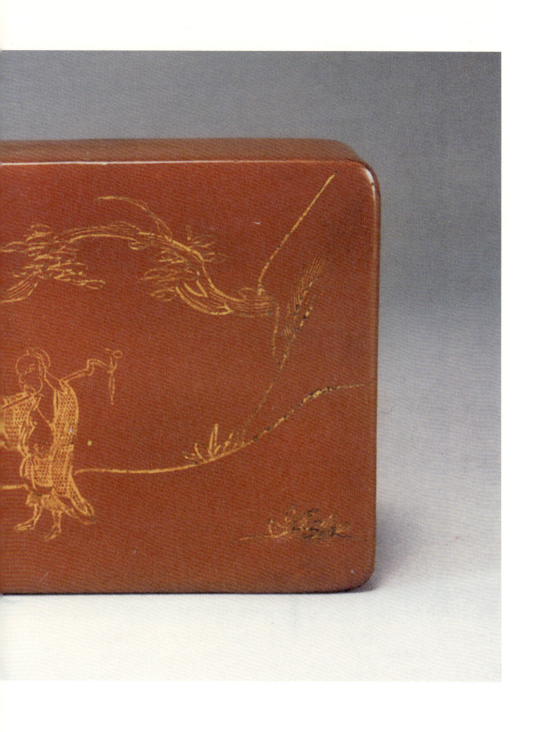

得到解答，"温州漆器，两宋第一"的理念才得以落到实处。

从 1952 年杭州北大桥南宋墓出土的黑漆唾盂与盏托中出现了"丁卯温州梯云坊成十二叔上牢"开始，先后在浙江、江苏和福建等不同地域出土的漆器常带有地点、工匠姓名、作坊名称等包含温州元素的款识，器物时期从北宋延续到南宋；种类上，有佛塔出土的漆函、佛像、背光，墓葬出土的奁、盘、盒、碗、碟、盏托等生活用具，其中上世纪 50 年代至 70 年代，在常州淮安、武进出土的碗、盒、奁，温州瑞安慧光塔出土的经函，尤称精绝，其工艺造型之雅美悦目，令人叹为观止。漆器、铜镜等虽为宋代小件手工制品，但从工艺内涵与制作流程来看远胜一般工种，而且其使用主体或是宫廷庙宇，或为社会中上层的达官显贵、商贾殷富之家，使用人群的高端定位要求其品位与工艺追求上的精工细作，有的甚至达到奢华的程度。如嘉定《镇江志》记载，建炎元年（1127），高宗南奔路经镇江，在驻跸的府衙里看到杭州与温州生产的漆器，"有以螺钿为之者，帝恶其奇巧，令知府钱伯言毁之"。这也可从另一侧面看出温州所产的漆器精绝美奂。

客观上讲，宋代温州漆器中的绝大部分髹饰漆器还是以素髹为主。这与整个宋代的整个社会价值观与审美情趣是相匹配的。一方面，考古发现的温州漆器中，有做工极为精湛的漆器，如慧光塔出土的经函，武进出土的朱漆奁、盒等，从这些特定要求的定制产品中可窥见作为漆器中心的温州的真实面目；另一方面，不尚纹饰、造型质朴、风格素雅的素髹漆器依然是温州漆器的主流。无论是在外地发现的，还是温州城区自 2005 年以来陆续出土的数百件漆器原物或标本，它们绝大多数仅以色漆髹饰而不添加任何装饰和花纹的素髹器皿，有的通体涂单一颜色，或表里异色，或只是底足异色；基本是朱黑两色为主打，因红色限于朝廷的礼制，黑漆器数量要更多。

为何具有悠久历史传统的一向注重装饰的漆器，发展到宋代却产生了变化?在温州的宋代漆器上，既看不到楚汉漆器张扬夸张的个性及浪漫中隐含的神秘的气质，当然也找不到与之相近的大唐盛世饱满自信和激情洋溢的丝丝痕迹。从温州城区及国内其他地区大量出土的温州造作的漆器，也反向印证了宋韵文化的本质。温州本土文化的真正自觉始于宋代，永嘉学派产生于宋代新理学主义的大背景。在"兴文教，抑武事"的前提下，温州提振文化教育，在全民开放的科举中取得了巨大成功，形成了拥有特殊地位的士人阶层和精致细腻的士大夫文化。从周行己、薛季宣、陈傅良、叶适等著名永嘉学派人物的著作里可以看出，温州士大夫对商业行为始终持支持态度。"夫四民（士、农、工、商）交致其用，而后治化兴，抑末（工商业）厚本（农业），非正论也。"（叶适《习学记言序目》）温州工商业的繁荣发展，有国家层面的诸多政策扶持，也离不开一大批温州籍文人士大的审美导向和推波助澜。

温州是宋代漆器生产数量最多、工艺水平最高的地区，能够成为宋代漆器生产的中心，也是它在快速融入主流意识形态转型上的成功。宋代王栐在《燕翼诒谋录》书中称："祖宗立国之初，崇尚俭素，金银为服用者鲜，士大夫罕以侈靡相胜，故公卿以清节为高，而金银之价甚贱。"这代表了宋代立国之初的既定方针，温州敏锐地意识到了俭用倾向，并捕捉到了机遇。而其后，整个宋代文人化高度发达的文官制度，强调雅逸、静观明道、顺应自然的情思意趣也进一步放大了审美取向。还有一个现象，就是温州从唐代开始，以玄觉为代表的永嘉禅派"行亦禅，坐亦禅，语然动静体安然"，将禅与生活完全打通。《证道歌》中有画境文心的感悟，充满诗性智慧，其悟性参禅观，渗透了温州本土的各个层面，产生了深刻的影响。而禅宗的诗性智慧恰恰也是宋代文人士大夫追求的人生理想。在形而上者谓之"道"这个层面上，温州漆器也绝非一味以素髹为主导，面对不同的需求，它依然保持着精细极致的追求。如1966年瑞安慧光塔出土的北宋庆历二年（1042）施造的识文描金檀木内外套装经函、识文描金檀木舍利函为庙堂专属品，其髹饰用工就含有识文、描金等工艺，识文工艺堆塑开光、缠枝莲、忍冬花、牡丹花、神兽、练鹊、羊、佛像等纹饰，代表着识文类漆器的最高水平。1978年，江苏武进县村前乡南宋墓出土的温州漆器，三件带有温州款铭文的漆器：一为带"温州新河金念五郎上牢"铭文的戗金仕女庭园消夏图银扣莲瓣形朱漆奁，一为带"丁酉温州五马锺念二郎上牢"铭文的戗金沽酒图长方形朱漆盒，一为带"庚申温州丁字桥巷廗七叔上牢"铭文的戗金柳塘小景图朱漆斑纹长方形黑漆盒。这三件极为精致的漆器除了标注时间、地点、坊号等要素，造作含戗金、扣器、钻犀等工艺外，还有两个共同点，就是装饰画题材强烈的文人气质和远、逸、雅、韵的审美规范。朱漆奁上两名亭亭玉立的高髻仕女，长裙曳地，手执团扇，踟蹰于山石嶙峋、紫藤吐蕊的夏日庭院里，左顾右盼，神情窈然；朱漆盒选用沽酒图，江边一老者袒露胸腹，荷杖信步，杖头悬钱一串，匠人似乎复原了"朝回日日典春衣，每日江头尽醉归，寻常酒债行处有，人生七十古来稀"的诗性意境；柳塘小景图采用简约的戗金线勾勒出坡塘、水岸和垂柳，间以游鱼涟漪，水草数枚，无人之景充满禅机，于静观处见淡泊与平和心绪。漆画中出现的树石瑞鸟纹样归于宋代院体画的构图模式，也是宋画本真风格的再现，由于漆器造作烦琐复杂，价高物美，费工费时，因此不管是素髹还是戗金、识文、描金、螺钿、雕漆等，从出土的温州漆器及其所有者的情况所见，其流通消费的指向都是特定的群体。

温州为了在激烈的漆器销售市场中保持高份额，标出产地来表达品牌意识和地域特点。在技术革新方面，素髹、描金、描漆、针刻、戗金银、识文、雕漆、剔黑、扣器、螺钿等髹饰漆艺全面运用；圈叠胎工艺、桐油的广泛使用，使漆色变淡变亮，改善了大漆的性能。不同工艺上的兼容，如漆器中常见的分瓣、分曲和花口、胎体弯折卷曲、起棱分瓣、戗金漆器纹样题材中的花鸟小景与人物楼阁等，极有可能吸收了唐宋以来的金银器造型，如建窑"兔毫天目"窑变效果的金彩黑漆碗；素髹漆器则更多借鉴了瓯窑等瓷器的造型特点。单色瓷的流行与素髹漆器共生，这种"异工互效"是温州漆工推陈出新、敢于寻求突围路径的表现。宋代是中国漆器全面发展兴盛的重要时期，温州漆器承上启下，以其出色的精工匠艺、独特的审美理念、自信的品牌意识，赢得了"两宋第一"的美誉，代表了宋代漆器制造的最高水平。

第四章

清辉浴光 南渡驻跸

吴铮强

赵构驻跸温州，不仅给朝廷秩序带来了转机，使国家机器逐渐稳定，而且为温州各方面带来了新的机遇，尤其在政治地位上，使之从"小邦"升到"要邦"再到"股肱之郡"。同时，宋室南渡是温州士大夫集团形成的关键因素。温州士大夫力量的壮大，对永嘉学派的形成与崛起也起到了极大的推动作用。

▲ 江心寺所属龙翔兴庆禅寺是"高宗道场"。

靖康、建炎之际，金军入侵，赵宋政权一度覆灭。1127 年，宋高宗赵构在应天府（今河南商丘）登基称帝，重建赵宋政权，但面对金军铁骑，赵构闻风丧胆，未能充分组织有效抵御。1129 年春，在金军的追击下，赵构自扬州仓皇逃窜至杭州。这年秋天，金军再度南下，赵构被迫乘舟入海，一路南逃至温州，驻跸于此将近两月。入海避难与驻跸温州是仓皇无奈之举，却使赵构度过称帝以来最大的危机，南宋政权由此得以保全，并开始在江南站稳脚跟。对于温州而言，赵构驻跸是破天荒的大事件，不仅促使温州政治地位显著提升，还是温州士大夫集团形成的关键因素，对温州地域文化的形塑及永嘉学派的崛起都至关重要。

驻跸温州

建炎三年（1129）秋冬之际，金军分两路南下，赵构的军事部署不堪一击，驻守建康的宰相杜充甚至投敌叛变。金军摧枯拉朽，十二月十五日已占领临安府。赵构君臣既无应敌之策，只能向南一路逃窜。建炎三年十一月二十五日，赵构原本计划自越州至平江府（今苏州），"倚周望、韩世忠兵为重"。当夜赵构接到杜充所奏宋师败绩的奏报，顿时大为恐慌。宰相吕颐浩献策入海避敌："今若车驾乘海舟以避敌，既登海舟之后，敌骑必不能袭我，江、浙地热，敌亦不能久留。俟其退去，复还二浙。彼入我出，彼出我入，此正兵家之奇也。"此策正中赵构下怀，翌日赵构先折回越州，然后派遣臣僚往明州（今宁波）募舟。十二月五日赵构抵达明州，此时明州港已有闽中所募大舟二百余艘，保证了赵构的航海计划。十二月十五日赵构抵达定海县，登楼船，正式开始入海避难的行程，"留者有兵火之虞，去者有风涛之患，皆面无人色"。

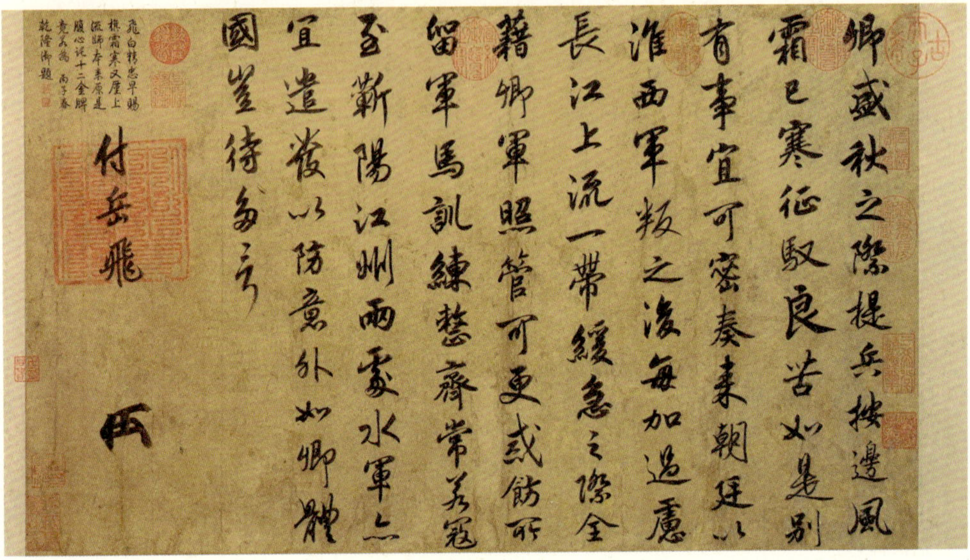

卿盛秋之際提兵按邊風
霜已寒征馭良苦如卿別
者事宜可密奏朕來朝廷以
淮西軍叛之後每加過慮
長江上流一帶緩急之際全
藉卿軍照管可更戒飭所
留軍馬訓練整齊常若冠
至蘄陽江州兩處水軍之
宜遣發以防意外如卿體
國盡待奏云云

付岳飛

▲ 赵构《赐岳飞书》。宋代皇帝都爱书法，
　宋徽宗赵佶瘦金体独步书坛，但宋高宗
　赵构的字也颇具神韵。

十二月十九日，赵构御舟到达昌国县（今舟山）。二十五日，赵构得知金兵径入明州，立即决定"移舟之温、台以避之"。二十六日赵构自昌国县出发，建炎四年（1130）正月初三抵达台州（今临海）章安镇。不久金兵攻破定海县，赵构匆忙离开章安镇逃亡海上。金兵入海300余里追击赵构，途中遇风暴而被宋水军打败，退回明州。赵构则于正月二十日抵达青澳门（今温州市东北海中），二十一日到达温州港口。此后近两个月时间，虽然具体位置屡次变更，赵构的御船始终驻跸于温州：正月二十二日泊于管市，二十三日泊于管头，二十五日"闻金人明州杀戮甚酷，台州一空"，又将"御舟移泊乐湾"，二十六日赵构舍舟登岸，幸水陆寺，这时"侍从台谏官稍集，班列差盛"，算是入海以来第一次较为正式的朝会；二月初一赵构御舟自温州港进发，初二移跸温州江心寺，十三日获知金人自明州撤退，便于十七日进入温州城，驻跸州治；三月十八日赵构"驾回登舟"，十九日自温州港起发北上。

赵构选择驻跸温州，与温州"负山并海，壤地深远"的独特地理形势密切相关。温州地处两浙路东南隅，州治位于沿海平原，一面临海，北、西、南方向均被山地环绕，金军骑兵很难从陆上攻入。金军缺少海舟，又不擅长海战，进犯昌国县尚且困难，更不便从海路南下抵达温州。从赵构逃亡的角度讲，温州港也便于继续泛海南下。"人物日庶，事亦滋繁"的经济状况也是赵构驻跸温州的有利条件。赵构抵达温州时，除登舟入海时的随行臣僚与军队（包括家眷）外，还有张俊及其所部军队，不少臣僚在驻跸温州期间也陆续抵达温州行在，这支队伍的日常供应需要大量物资；太庙神主与景灵宫神御也随赵构而至，日常供奉也需大量开销。江淮发运副使宋辉此前已经从秀州（今浙江嘉兴）输送米八万斛、钱帛十万贯匹，但赵构为防重蹈苗刘之变的覆辙，对诸将赐赉极厚，致使国用窘甚。温州地处浙东一隅，经济实力虽不能与两浙、江南等路大郡相比，但仍有相当经济实力供奉赵构短期的驻跸之需。《建炎以来系年要录》记载："访闻温州祗候临幸，于四县科纳见钱一十二万贯，米二万石，草一百四十万斤，麦豆称是。僧道每人科纳买度牒钱三贯文。近又科配均籴二万石。"可见温州对赵构驻跸温州作好了充分的物资准备，赵构也因此以"治状有闻"除授温州知州卢知原为右文殿修撰。

重建朝仪

因赵构一行逃难入海，"侍从百官皆散"，一时之间南宋的职官系统完全停摆。直到驻跸温州，形势稍安，百官稍集，南宋的国家机器才开始重新运作。此时对于漂泊海上数十日的赵构而言，首先需要恢复象征国家权力的礼仪。正月二十六日赵构登岸幸水陆寺，立即举行较为正式的朝会。赵构二月初二日移跸江心寺时，下诏"奉安启圣宫祖宗神御于福州"，二月十四日诏令万寿观、会圣宫、章武殿神御于温州天庆观奉安，二月十六日入驻温州州治前夕，又决定"奉安景灵宫祖宗神御于温州开元寺"，二月二十八日降旨安排神御的日常供奉人员与物资。三月十七日驾回登舟前，赵构又亲自至"开元寺朝辞九庙神主，宰执百官皆扈从"，史称"自渡江至是，始有此礼"。

恢复礼仪之后，便是具体政务的处理。早在建炎三年七月下诏"迎奉皇太后率六宫往豫章"时，赵构就与隆祐太后（哲宗废后孟氏）分配了流亡政权的职能，"百司非预军旅之事者悉从（太后）……凡常程有格法事，又四方奏献、吏部差注举辟功赏之属，皆隶焉。惟军旅钱谷除拜，则总于行营如故"。驻跸温州期间，赵构行朝所处理的主要政事大致围绕"军旅钱谷除拜"展开。

一、对驻跸之地及守御之策的集议

建炎四年正月二十五日，时任御史中丞赵鼎奏事完毕后，赵构称"今天下事有二，敌退后如何？万一不退，如何措置？卿可条具奏来"。正月二十八日，赵构下诏"将来敌骑北归，或尽数过江，或留兵守建康、杭、越，当如何措置，及于何驻跸，令侍从官条具以闻"。正月三十日，赵构又"诏行在职事官条具驻跸所在及守御之策"。二月二十四日，赵构降德音"返都吴会"，"议者皆谓太遽，以未知吴中消息也"。三月初四日，赵构"有旨，以初十日车驾进发"，御史中丞赵鼎力争，以为"当俟浙西宁静，及建康之寇尽渡江，然后回跸。万一敌去未远，或作回戈之期。何以待之？"赵构因此于初六日再下旨将北返之期延展至三月中旬。

二、对财政事务的处理

正月二十六日赵构幸水陆寺，朝仪之后，户部侍郎叶份请令僧道换度牒，"每道输纸墨钱十千"，诏从之。正月二十九日户部侍郎叶份再奏请以闽盐通商，获得批准。二月二十一日尚书省奏报由于温、台州积下盐抄至多，"有至二三年者"，建议行在榷货物给这些商人更换新的盐抄，令其至闽、粤请盐，每袋纳钱三千，该建议也被宋廷采纳。三月五日，赵构又诏令"发运副使宋煇诱说两浙州军储蓄之家，借助米斛，以备巡幸"。

三、对政府机构的临时安置

建炎四年二月十三日，宋廷"诏令温州将贴占通真庵，充尚书六部置局"，宋朝最重要的中央行政机关至此得以初步恢复。

四、安抚臣民

建炎四年二月二十三日，因赵构自海"还温州，德音释天下徒刑"，诏令地方安抚自金来归的士民家属"量给钱米，于寺院安泊"，并帮助其寻访家人。三月十八日是赵构自温州起发前一日，因恐金军入侵地区的溃卒散兵为乱，宋廷降诏金军入侵州县"统兵官以众寡不敌，致有溃散"者，"理宜矜恤，可特放罪，仍旧统押人马"。

五、收回隆祐太后行台司法权

建炎四年二月二十三日，因洪州三省枢密院淹延司法审判事务，赵构诏令"自今奏谳并令赴行在"，将国家的最高司法审判权收回至赵构行朝。

六、惩处叛臣

首先是对宰相杜充的处理。大约在建炎四年二月中旬以后，知真州向子忞将杜充降金之事报告宋廷，二月二十二日赵鼎、富直柔共同弹劾杜充，奏乞先罢其相位，俟投降的报发送至朝廷，再议其罪。于是赵构下诏将杜充罢免为观文殿大学士、提举江州太平观。三月十八日，赵构下诏将投拜金军的地方官僚"除知通别取旨外，余并罢"。此外还有个别的罢免，如二月二日赵构驻跸江心寺后，即以迎降金军罢免知抚州王仲山。

七、举荐与任免官员

首先是对隆祐太后行台执政官的任免。因洪州失守，建炎四年正月二十五日，行台执政滕康、刘珏并落职予宫观差遣，二月二日以李回、卢益为行台执政官。其次是对官僚的拔擢与任用。二月二日，因知温州卢知

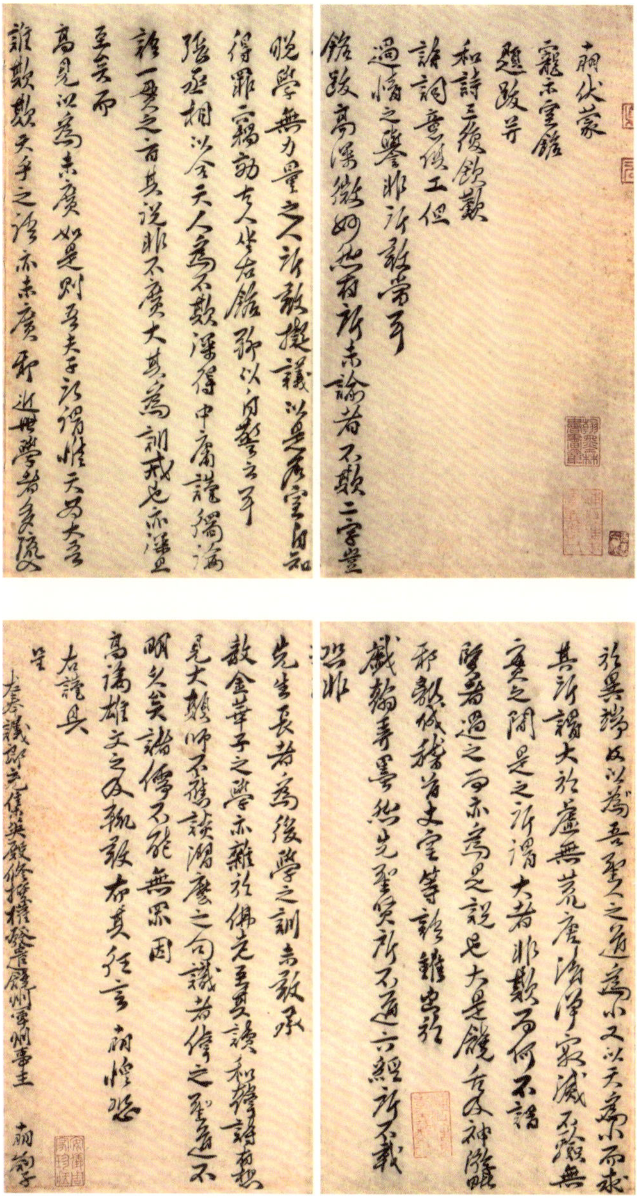

▲ 王十朋书帖，台北故宫博物院藏。

原供应赵构行朝无缺，赵构擢其为右文殿修撰。此外驻跸温州期间赵构行朝还除授了监察御史、金部员外郎、祠部员外郎、江浙湖南抚谕使、知越州等中央和地方官僚。再次是对官员的贬黜。正月二十八日，浙西提举茶盐公事陈述因便文至浙东过明州、越州而不到行在朝拜赵构，赵构诏其还任，陈述又以道阻为词，于是被贬为监饶州酒税。二月二日，集英殿修撰都大提领水军荆湖路淞江措置使王義叔坐金人渡江不奏报，落职放罢。二月十七日，杜充属将"温州观察使御前前军统制王瓔自闽中引余兵还行在，诏降授文州团练使"。最后是举荐官员。二月二十一日，温州人吴表臣因赵鼎屡荐而授以监察御史，三月十五日赵构又诏令"从官举可备监司者"。此外，由于驻跸温州期间是赵构行朝入海避难以来较为稳定的时期，不少文武官员得以在此期赶赴行在，朝见赵构，除前文提及的外，尚有卢益、巨师古、李贵、鲁珏、郭仲威等。

驻跸温州期间，赵构朝廷逐渐恢复一度中断的日常运转与国家礼仪，同时围绕财政、奖惩、安抚等紧急事务处理朝政，稳定国家机器，对南宋政权度过危机后的恢复与重建至关重要。

奉安神主

太庙是祭祀王朝已故皇帝神主的场所，在中国古代国家的礼法体系中具有极高地位，也是皇权的重要象征。赵构登基不久，即派臣僚至"京师迎奉太庙神主赴行在"。在决定巡幸东南后，又遣"孟忠厚（孟太后侄）迎奉太庙神主赴扬州"安放于寿宁寺。建炎三年二月金军攻入扬州前夕，赵构仓皇南逃，"朝廷仪物，悉委弃之"，匆忙之间只有太常少卿季陵"奉九庙神主，使亲事官负之以行"。行至瓜州时金军已至，季陵的"亲事官李宝为敌所驱"，最终将太祖神主丢失。当年四月二日，即赵构在苗刘之乱后复辟的次日，诏令沿路州军寻访太祖神主。闰八月十六日有臣僚奏言"自京师太庙迎奉艺祖以下神位九室前往杭州"。

此后的一段时间内，赵构驻跸之地屡更，太庙神主放置于何处亦无明确记载。建炎三年七月诏令迎奉隆祐太后赴豫章时，宋廷原本安排孟后"奉太庙神主、景灵宫祖宗神御以行"，然而建炎四年二月赵构又诏令"奉安景灵宫祖宗神御于温州开元寺"，并于三月十七日朝辞"九庙神主"。结合闰八月十六日诏令及李心传《朝野杂记》"上自海道还，神主留温州"的记载推测，这时太庙神主已随赵构至温州。赵构离开温州时太庙神主是否随行，各家记载又相互抵牾，具体情况难以明晰。不过当年十月四日宋廷明确下诏"奉迎太庙神主往温州奉安，以护从提点所为名"，此后太庙神主奉安于温州则确凿可疑。据《宋会要辑稿》记载，太庙神主在温州的奉安之所为温州真华宫，直至绍兴五年（1135）初临安府太庙建成。

景灵宫为供奉赵宋圣祖赵玄朗之所，原本位于京师开封，宋神宗元丰以后供奉历朝帝后神御。景灵宫在宋代国家礼制中占有重要地位，除日常祭祀外，明堂大礼之前也需于此朝献，因此"建炎改元之二日，即命有司建景灵宫于江宁"，但并没有建成。建炎四年，赵构抵达温州后，二月十六日降旨"奉安景灵宫祖宗神御于温州开元寺"。除景灵宫以外，宋朝在京师与各地的一些"道、释之馆"内亦供奉有帝后神御，面对金军入侵，这些神御的寄奉问题急需解决。二月十四日赵构又诏令将万寿观、永安军会圣宫、扬州章武殿等神御"于温州天庆观稳便殿宇内先次奉安"，并于二十八日对各处供奉物资和人员进行了安排。景灵宫神御与其他三处神御原本不在一处，绍兴元年知温州林之平奏请于一处奉安。朝廷批准后，天庆宫的三处神御便亦迁至开元寺内，"前殿景命殿奉安〔景灵宫神御〕"，"后殿千

▲ 宋高宗驻跸温州，留下了"清辉浴光"
四字，今天只存"清辉"。

佛阁下奉安万寿观、会圣宫、章武殿神御"。绍兴二年（1132），赵构诏令将"万寿观章宪太后黄金铸章圣皇帝与后像"迁至行在，其他神御仍寄奉于温州，直至绍兴十三年（1143）景灵宫与万寿观在临安建成。

太庙神主与景灵宫神御奉安温州期间，宋廷专设提点所与提点官。绍兴三年（1133）九月二日以前，提点所的正式名称分别为奉迎温州太庙神主所、景灵宫神御所，其提点官则由一人担任，称景灵宫太庙神御提点官，或简称神主、神御提点。同年九月二日，宋廷将两处提点所分别改称太庙奉迎所、景灵宫奉迎所，提点官则称太庙、景灵宫提点奉迎所，亦简称太庙、景灵宫提点。两处机构又各有奉迎所干办官、主管奉迎所等监官。自绍兴元年九月二十六日至五年太庙神主迁至临安，朝廷还任命宗室赵士街为温州太庙神主献官，常驻温州，负责温州太庙的日常荐享事务。景灵宫又有主管内侍，行移文字时提点官与主管内侍"同衔由发"。绍兴十年，宋廷使相高世则判温州，同时除授其为景灵宫使，"主奉本州神御"。

按照宋朝制度，每逢大礼或重要典礼，皇帝都应亲至太庙或景灵宫祭拜。这时由于神主、神御寓奉温州，不得不行权宜之计。绍兴元年适逢明堂大礼，九月十六日宋廷"命右监门卫大将军士芑朝飨太庙神主于温州"。绍兴四年又逢大礼，此时士街已驻于温州，朝廷便命"皇叔、象州防御使士街朝享太庙神主于温州"以示庄重。景灵宫则指派朝官"行恭谢之礼"，绍兴元年明堂大礼时朝廷即派温州守臣行此礼仪。

清辉浴光

温州地处东南，与北宋京师开封相距绝远，北宋时政治地位不高。绍兴元年席益差知温州，其制词仍云"毋轻小邦，犹足观政"，温州"小邦"

的形象与地位尚未得到改观，但不久就发生了颠覆性变化。绍兴四年正月，韩肖胄罢执政知温州，其制词称温州为"近辅"，在其《辞免恩命不允诏》称温州为"要邦"。绍兴四年五月，前宰相范宗尹知温州，制词称"惟予辅臣，越在外服，宜遂分于重寄"。绍兴十二年（1142）梁汝嘉知温州，王洋贺启将这一任命称为"州牧一麾，均佚股肱之郡"。温州形象从"小邦"到"要邦"再到"股肱之郡"，关键在于绍兴六年（1136）李正民《知温州到任谢表》称"惟东嘉之胜壤，乃越绝之奥区。当表海之襟喉，为行都之屏翰。暂安九庙，有香火之具严；尝驻六龙，觉山川之增壮"。"六龙"指天子车驾，"九庙"指太庙，"尝驻六龙""暂安九庙""为行都之屏翰"均指赵构驻跸使温州政治地位"增壮"。

温州从北宋时期远离都城的偏远边州，一跃成为靠近南宋都城的次辅郡。政治上次辅郡的地位，使得前来温州任职的官员皆是名卿士大夫，促进了温州教授文化的迅速发展。这为本地士人结交朝臣和拓宽人脉提供了极大便利，十分有利于温州籍官员在政治上逐渐取得较高地位。

赵构驻跸为温州士大夫提供了极为难得的与朝廷直接交流的机会。一方面，温州士人因此得以与行朝官僚直接交往，如温州士人薛徽言在"车驾幸永嘉"时"以书谒中司赵公（指赵鼎），诋一时用事者。赵公大称赏，以国士期之"，薛徽言由此得到赵鼎力荐。另一方面，赵构驻跸温州期间也有朝臣僚主动举荐温州士人，赵鼎是其中的代表人物。据赵鼎《建炎笔录》载，二月二十一日召对时"再荐吴表臣。初至温，对江心寺，即荐温人吴表臣、林季仲，以补察官之阙。季仲奉其母避地山中，未至，表臣先对，至是再言之。上极喜曰：'自渡江，阅三吴士大夫多矣，未尝见此人物如素宦于朝者，卿可谓知人矣。'是日批出，除监察御史，日下供职"。这是赵鼎笔记内自泛海以来首次举荐士人的记录，此后吴表臣、林季仲也得到了赵鼎的大力扶持。

温州因"尝驻六龙""暂安九庙"在政治上具"有特殊的象征意义",绍兴以后温州获得"次辅郡"的地位,南宋时常有"一些比较重要的官员出知温州"。比如绍兴元年洪拟、绍兴三年韩肖胄(罢执政)、绍兴四年范宗尹(前宰相)、绍兴五年秦桧(前宰相)、绍兴六年李光等。另外还有不少官僚寓居温州,如秦桧在知温州前至少已在温州闲居两年。其中"一些高级官员在温州"期间"积极提拔当地士子",在他们返回政治中心后,"这批温州士子也随之进入了仕途的快车道"。

南宋温州的进士人数在赵构驻跸温州以后也有了数量上的飞跃。北宋晚期温州籍进士不过才达到或超过全国的1%,而整个南宋时期竟超过全国的5%。这样突飞猛进的变化发生在绍兴二年,显然是因为赵构驻跸的影响。此前建炎二年(1128)温州籍进士不过5人,绍兴二年温州籍进士骤然提升到16人,占全国的6.18%,此后长期维持在这一比例上下。赵构驻跸为温州士大夫集团的形成创造了千载难逢的机会,大量温州士子通过科举成为官僚,并进一步推动温州在科举与仕途的崛起。大量的温州籍官员被输送到中央及全国各地政府系统的同时,温州本地的官学系统也得到强化。从明清方志记载来看,南宋时期所留下的州学、县学修建、扩建的记录最多,不少著名学者为之撰写记文,这种状况在整个北宋时期都不曾出现。

温州士大夫力量的壮大,对永嘉学派的形成与崛起也起到了极大的推动作用。在永嘉学派发展史上,具有承上启下作用的关键人物薛季宣,正是从温州士大夫群体的关系网络中成长起来的。薛季宣继承了他父亲一辈的温州官僚积累的社会资本,才保证了他在官场上能够有一个不过于低微的地位,以及在士大夫交际圈中相当的声望,这恰是薛季宣的学术研究得以发展的重要前提。永嘉学派的代表人物陈傅良(薛季宣门人)也是如此,尽管父辈不是官宦,但陈傅良通过家族、婚姻、师承等仍与温州士大夫群体形成了紧密的联系，故从根本上来说，陈傅良仍然是温州官僚士大夫群体的"产物"。

赵构驻跸的前后，大量朝官、军将和士兵也迁入温州避难，对温州人口的阶层结构造成了深远影响。

温州位于两浙路的南部，在杭州通往福建的滨海交通线上，属于山岭起伏、河谷盆地错落的山区地带。南宋初期，金军在北部平原作战，没有进入南部山区，相对安全的两浙路南部各府州成为北方移民的栖身之地。建炎三年，由于东迁的六曹、百司官吏无法随赵构下海，赵构下令"并以明、越、温、台从便居住"。建炎四年正月，原在浙东沿海的北方移民复向福建迁移，因"所至守隘之人以搜检为名，拘留行李……至有被害者"，不免复还温、台，而两州又不许入城，以致老幼流离，进退无所。赵构遂诏令温、台两州对这些北方移民加以辨验，如果来历分明，"不得辄有邀阻"。这批南下的移民具有一定规模，大部分人可能居住在温州和台州。例如乐清南氏的始迁祖便是当时随同赵构南下温州的北方人，著名女词人李清照南渡后也曾进入温州。类似李清照那样颠沛流离、暂寓温州的北方人为数极多，虽然后来大部分陆续返回浙北、苏南，但留居温州者仍当有相当数量。

赵构驻跸温州时有将相、卫士相随，不少宗室、外戚也随之而来。靖康之乱以来，赵伯药、赵不燔、赵廷之、赵伯言、赵士鐩、赵士霖、赵叔仪、赵云汾祖先、赵定之、赵不尤、赵必恭祖先等十一族已率家迁入温州。明代王叔杲说"宋南渡，宗室多徙温"，乐清《赵氏宗谱》说"当两宫北狩时，宗室徙温者二十八人"。迁入温州的外戚之族则有高世则、高世定等。随行卫士及家属也有相当部分留居温州。据估计，随同赵构乘船南下的人员当在万人左右，其中可能有三分之一即三千余人留居温州。滑州人冯成是岳飞的裨将，建炎年间扈驾至温州，便定居于永嘉。岳飞冤死后，冯成隐居不出，以琴书自娱，号"湖山居士"。此外，受赵构驻跸后温州地位提升的影响，还有不少臣僚与平民迁入温州，如刘光世绍兴七年（1137）解兵权后任少师、万寿宫使，赵构特许其任便居住，刘光世于是同两子一孙"自此遂居于温州"。

宋室南渡的数年间有一万至两万北方移民迁入温州。建炎四年赵构驻跸温州时，永嘉知县霍蠡曾奏请将官田出卖给百姓并获得批准；绍兴二十八年（1158），温州知州黄仁荣查到的一万九千余亩违法田产也都出卖给百姓。南宋初朝廷允许各府州将官府田产出卖给百姓，其实是移民人数众多的表现。

南渡驻跸作为赵构消极抗金政策的一环，在当时也确实带来了极大的消极影响。在这期间，两浙、江南等路的广大地区惨遭金人及宋军的双重蹂躏，人民伤亡惨重，流离失所，苏、杭瞬间如人间炼狱一般。但从更长远的时间段来看，建炎南渡对南方广大地区的发展及中华文化的持续传承都起到了积极的正面作用。对温州地区而言，建炎南渡与驻跸温州正是使温州在宋朝政治、经济地位得到极大提升的关键，也是温州士大夫集团形成的重要外部推手。

宋人祝穆《方舆胜览》记载："建炎四年，赵构皇帝幸是刹（龙翔寺），御书'清辉''浴光'二轩名。"此名虽因"小轩东向"能沐浴清光而来，但未尝不是赵构当时的心境。经历过金人追击、瓜州孤骑、海上避难等一系列危急存亡的时刻，赵宋"王朝的权力已处于最低落的状态"，此刻赵构远离金军、侍从稍集、物资稍备，饱经风波劳顿的他离舟登岸，看到温州"班列差盛"的场面，内心难免有清辉浴光之感。对于南宋王朝而言，入海避难与驻跸温州正是否极泰来之时，以驻跸温州为起点，南宋开启中兴之路，不仅逐步恢复了宋廷在江南的统治秩序，也推动了江南地区的经济、文化走向新的繁荣。就此而言，"清辉浴光"正是此时赵宋王朝境况的真实写照。

第五章

温之多士　为东南最

陈永霖　武小平

在唐五代时期还是"僻远下州"的温州为什么能在宋代发生波澜日肆的变化？"永嘉号多士，甲于东南。"宋代温州学术兴盛、名流辈出、文化兴盛、教育发展、风俗醇厚，无不与宋代温州科举的发展和士大夫群体的崛起有密切关联。

▲ 东山书院是温州最早的书院。

宋代是温州的文教科举事业的巅峰时段，尤其在宋室南渡后，温州士风渐盛，"谊理之学甲于东南"，在社会经济、文化教育、科举事业等方面所获成就令人瞩目，且登科者在治学和治政方面收获都颇丰。至乾道、淳熙年间，永嘉学派正式形成，与以朱熹为首的道学派和以陆九渊为首的心学派鼎足而立。永嘉学派的形成与发展又与温州科举之兴盛有着千丝万缕的互动关系。

宋代温州科举的兴盛

宋代在温州科举史上是一段辉煌里程，甚至可以说是其顶峰。尤其是南宋时期，温州虽偏居一隅，却科甲鼎盛，俊秀如林，名扬天下，有"东南小邹鲁"之美誉，成为无可争议的科举文化发达地区，使温州从唐以前文化教育相对落后的地区一跃成为人文荟萃之地。温州科举史上共产生进士 1502 人，其中唐代 4 人，宋代 1307 人，元代 11 人，明代 143 人，清代 37 人。宋代温州科举成绩在古代温州科举史上异军突起，但在宋代以后到科举制度终结的 626 年里，总共才产生了 191 名进士。温州科举在宋代尤其是南宋的迅速崛起，不得不说是一个不可复制的神话。宋代温州科举兴盛主要体现在四个方面。

一、进士登科者人数众多

从宋初建隆元年（960）到南宋咸淳十年（1274）的 300 余年间，共举行了 118 次常科考试，其中到底诞生了多少进士，现已很难详考。龚延明、祖慧集十余年之功共搜集到宋登科名录 4 万多人；何忠礼在《宋史选举志补正》附录里统计了宋代共录取正奏名进士 42390 人（北宋 19071

▲ 晚清民国，温州中学学子在东山书院前留影。

▲ 中山公园改造，新建东山书院景观。

人，南宋 23319 人）；张希清的统计数据为 42479 人（北宋 19281 人，南宋 23198 人）；刘海峰、庄明水统计宋代全国进士总数为 42457 人。宋代温州属两浙东路管辖，据冈元司统计，两浙东路宋代进士总数为 4834 人（北宋 911 人，南宋 3923 人）。而在唐代还被认为是"僻远下州"的温州，却在宋代产生了 1307 名正奏名进士，其中北宋 90 人、南宋 1187 人、阙年 30 人。以宋代全国进士 42390 人、两浙东路进士 4834 人为准，宋代温州进士总数约占全国 3.08%，约占全路为 27%。如果单以南宋计（不含30 名阙年进士），温州进士总数占全国进士总数的比率高达 5.09%，也就是说，南宋全国所取进士中，每 20 人至少就有一个是温州人，在全国各府州军中仅次于福州，位列全国第二，比排在全国第三的同属两浙东路的明州多 400 余人，是兴化军（位列全国第 8）的 2 倍多。

表 1　南宋时期全国进士登科者数量排名前 10 位

府州军	福州	温州	明州	吉州	饶州	泉州	眉州	兴化军	建宁府	处州
进士数	2249	1187	746	643	621	582	567	558	509	506
排名	1	2	3	4	5	6	7	8	9	10

楼钥在《温州进士题名序》中赞叹："进士之盛，岂其是欤！"宋时福州户数约占全国总户数的 2.26%，远多于温州，如果从进士数所占总人口比例来折算，温州和福州相差无几。所以，无论从考取进士的绝对数来看，还是按照人口比例考取进士数而言，宋代温州登科数都居于全国前列，科甲鼎盛可见一斑。

▲ 乐清南阁牌楼群。

二、高科进士多

始于宋太祖开宝六年的殿试，是宋代科举考试最高一级也是最后一道考试程序。殿试以考试成绩决定等次，但一般只有前十名进士策文才奏请皇帝亲览，并最后确定名次。根据大中祥符四年（1011）制定的《亲试进士条制》，进士、诸科定为五等（甲），"上二等曰及第，三等曰出身，四等、五等曰同出身"。宋代温州的1300余名登科者，高科进士众多。据朱希召《宋历科状元录》记载，宋代共产生文科状元118名，其中5名籍贯不明，在有籍贯记录的113名文科状元中，温州籍就占了5名；在武举方面，温州状元更为兴盛，多达13名。

省试，也称礼部试、礼闱，因其在春天举行，又称"春试""春闱"。在整个科举考试中，省试是关键一环，尤其在元祐三年（1088）以后，省试合格者，"殿试不黜落"，几乎人人都能获得出身，故时人有"贡举莫重于省试"之说。温州士人既能驰骋于场屋，在省试中也有卓越表现，宋代共有温籍省元8人。楼钥在《攻媿集》中曾描述过温州举子在乾道八年（1172）的"同榜盛事"："（乾道）八年，公之高弟蔡公幼学为省元，公次之，徐公谊又次之，薛公叔似、鲍君潚、刘君春、胡君时等，皆乡郡人，非公之友则其徒也，尤为一时盛事。"这一榜，温籍士人占据了省试的前三名，分别为蔡幼学、陈傅良、徐谊，可见温州科举之盛，进士质量之高。

除了为数相当可观的殿试榜首、省试省元以外，温州也出现了数量众多的高科进士群体，其中廷对第二6人，廷对第三2人，廷对第四第五、省试第二第三等高科进士共8人。

三、进士登科者官居高位多

高质量的进士群体无疑是高官的后备力量。宋代尤其是南宋乃温州政治精英辈出的时代，而入仕者官居高位更是温州科举文化的一大特色。产生这一特色的一个重要原因就是在两宋朝廷尤其是高宗朝以后形成了以地域为轴心集结而成的温州士大夫群体，织罗了绵密的人际关系网，群体内部之间相互提携，在危难之际施以援手。虽然在不同的历史时期，温州士大夫群体成员在表面上分属各个派系，但大多数只是短暂地依附，很难成为这些派系的核心成员，而真正有凝聚力的，是地域性这一"惯习"。

宋体温州高官群体产生的标志就是执政群体的出现。温州民谚云："海坛沙涨，温州出相。"意思就是说温州这个僻远的地方很难出宰相。但宋代温州出身的进士打破了这一规律，出现了许景衡、林略、许及之、朱熠、戴庆炜、陈宜中等宰执，以及吴表臣、张阐、林大鼐、薛良朋、何溥、木待问、张叔椿、薛叔似、蔡幼学、戴溪、林拱辰、赵立夫、赵建大、刘黻等一批尚书，共计22人，其中仅林大鼐（吏部尚书）1人不是进士出身。

四、进士登科者多有文名

为文是温州进士入仕后追求的另一目标。他们在从政之余，不忘诗文学术，继续勤奋励学。他们不仅以诗赋扬名科场，而且著书立说，流芳后世。洛学在温州的传承者以及永嘉学派的中坚人物大部分进士登科即是明证。"吾乡谊理之学甲于东南。先生长者，闻道于前，以其师友之渊源见于言语文字间，无非本乎子思之《中庸》，孟子之自得，以诏后学。士子群居学校，战艺场屋，笔横渠而口洛者纷如也。取科第，登仕籍，富贵其身，广大其门者，往往多自此涂出，可谓盛矣。""永嘉自元祐以来，士风

"伊洛微言持敬始；永嘉前辈读书多。"
清末学者孙衣言书写的会文书院对联，
反映了永嘉学术的渊源。

浸盛，渊源自得之学，胸臆不蹈袭之文，儒先数公著述具存，不怪不迁，词醇味长，乡令及门孔氏，未必后游、夏徒也。涵养停蓄，波澜日肆，至建炎、绍兴间，异才辈出，往往甲于东南。"王十朋数次赞叹温州学术"甲于东南"，"异才辈出"，并凭借学术之功而致科第之盛。温州士人在考取科名以后，往往继续深研学问或进行文学创作。"元丰九先生"中有周行己、许景衡、刘安节、刘安上、戴述、赵霄、张辉、蒋元中等 7 人进士登科。进士高科及第的陈傅良、叶适等人成为南宋时期永嘉学派及永嘉文派的代表性人物，永嘉之学亦成为浙学之宗："宋乾淳间浙学兴，推东莱吕氏为宗。然前是已有周恭叔、郑景望、薛士龙出矣，继是又有陈止斋出，有徐子宜、叶水心诸公出，而龙川陈同父亮则出于其间也。"

宋代温州进士登科者潜心学术，著书立说之盛况在方志和其他地方文献当中都有突出的反映。弘治《温州府志》卷 10《人物·理学》立传 36 人，其中进士登科者 24 人；弘治《温州府志》卷 10《人物·艺文》立传 30 人，其中进士登科者 19 人。这组数据又可佐证宋代温州进士的学术研究和文学创作已蔚为壮观。另外，清代朴学大师孙诒让撰《温州经籍志》32 卷（外编 2 卷、辨误 1 卷），记载了自唐至清道光间温州人或有关温州之著述，计 1759 部（其中佚 1215 部，未见 279 部，存 227 部，阙 38 部），其中著录的宋代学者 241 人，著作经史子集 616 部。

在宋代温州，士大夫尤其是进士登科者除了著书立说之外，还盛行诗歌吟咏酬唱之风气。陈傅良的《分韵送王德修诗序》记载了一次名为松风轩的诗会活动，共有 14 人参加诗会，包括徐谊、蔡幼学、王自中等永嘉学派知名学者，其中徐谊、蔡幼学、潘雷焕和王德修又为同年进士。这也说明永嘉学派历来有"重文"之传统，吟诗酬唱之风颇盛，而这又与宋代温州地区浓郁的诗歌创作风气有关："吾乡风俗，敬客而敦师友。每一重客至，某人主之，邻里乡党知客者必至，不知客知某人者亦至。往往具觞豆，登览山水为乐，间相和唱为诗，致殷勤，或切磋言之。于其别，又以诗各道所由离合欢恻之意，冀无相忘。盖其俗然久矣，而未有盛于此会者，岂不以其人哉！"钱志熙认为温州士大夫的吟诗酬唱之盛况，在北宋末期已经存在。许景衡的《乡会诗钱晋臣和韵谢之》，也可说明当时已经流行乡会作诗之风气。

宋代温州科举兴盛的原因

在唐五代还是"僻远下州"的温州为什么能在宋代尤其是南宋科名显赫，至明清又突显颓势呢？促成宋代温州科举兴盛的原因，归结起来有四点。

第一，宋代温州社会经济和人口状况的发展变化为科举兴盛奠定了坚实基础。北宋时期，温州就"唤作小杭州"，城乡商品经济和手工业发展较为突出；两宋之际，随着南迁人口的增多和文化人士的南移，以及宋室南渡后赴考地点的接近，温州赴试人数突增。

第二，文化教育事业的迅速发展使得宋代温州地区形成了"好文而近儒"的浓郁氛围。宋代温州官学和私学的建立时间较早，数量较多，并形成了一定的授学规模和经常的讲学制度与学田制度，为温州士子博弈科场提供了重要保障。

第三，从南宋高宗朝开始，温州士大夫群体逐渐形成，他们依靠地域性这一"惯习"，在激烈的党争当中相互奥援，保证了温州士子在政治上和科举上的优势。其中，温州出身的科举试官众多以及温州士子与浙东其他州试官的良好关系也给温州士子的科举之路提供了便利。以上三方面的发展形势从北宋到南宋由弱至强，这也与温州科举的发展趋势相一致。

▲ 南雁会文书院。

第四，宋代科举考试制度的改革也给温州士人带来了机遇。宋代温州科举解额向来"最号狭少"，但一直在增加，从北宋初的 2 名增至南宋后期的 20 余名。但很多温州士子并不以州郡发解，而主要通过太学补试、漕试等途径获取省试资格，这与太学"三舍法"的实施有很大关联。同时，南宋恢复诗赋、经义分科取士也给具有"重文"传统的温州士子带来了科场优势。

永嘉学派的形成与传播是推动宋代温州科举发展另一重要力量，它促成了宋代温州科举高峰的到来，而科举也促成了永嘉学派的形成与广泛传播，扩大了永嘉学派的影响，两者存在着良性的互动关系。永嘉学派代表人物陈傅良和叶适对南宋科场有巨大影响，从永嘉学派到永嘉文派的嬗变与南宋温州科举之间有着千丝万缕的关系。宋代温州科举的特例说明，在古代社会，诸如地方学派、家族、官场和强势人物等外部因素对科举制度公正性影响不容小觑，这中间都有宋代温州士人群体和士大夫群体的身影。

宋代温州士大夫与书院书塾

"士人"是一个含义宽泛的词汇。有学者认为"士"为"士农工商"四民之首，是一个社会阶层，包含出仕与未出仕的知识分子。而针对宋代，邓小南"把具备一定经济实力与文化背景、参加过科举考试（'业进士'）或曾出仕做官（特别是文官）者称作'士人'"。宋代以文治天下，从宋太祖开始，就立下"不杀士大夫"和"与士大夫共治天下的祖训"。所以整个宋朝是历史上文人士大夫规模最大、人数最多的时期。

士大夫作为一个群体存在，一般以地域籍贯、学术、师承、科年以及家族姻亲等为纽带，形成紧密的联系。曹国庆在《明代政府官僚的地域分野》一文中谈到封建官僚产生地域分野，也就是士大夫具有地域性群体的原因时认为："自给自足的自然经济导致地区间的闭关自守，宗法思想和宗法制度的支配作用，超经济强权制约作用以及传统儒家政治哲学的影响等。"宋代温州士大夫群体在其形成上与其他地区士大夫群体具有共性，主要表现在学术一致、家族庞大、籍贯相同等。宋代温州的政治经济文化条件以及温州籍士子自身的联系促进了温州士大夫群体的形成。随着经济文化重心南移、学校教育的发展以及科举的改革，温州学子通过科举等途径走上了政治道路。宋代温州科举的兴盛促成了庞大的温州士大夫群体，进而形成了温州自己的政治圈、学术圈、家族圈、朋友圈等等，而且这些关系网相互叠加，存在千丝万缕的联系，形成了较大的影响力。

由于经济发达、人口激增、文教兴盛、宋室南渡、科举制度变革等诸多因素，从南宋初期开始，温州进士登科人数急剧上升，温州士大夫群体在政治、科举、学术和教育等领域都有突出表现。

唐代晚期至五代以来，由于长期战乱，官学逐渐凋零，私学应运而兴。宋王朝建立后，政治上较稳定。范仲淹、王安石执政时，先后对教育进行了不同程度的改革和整顿，官学得到了一定发展。但宋室南渡后，战乱不断，中央与地方官学都受到影响，于是私学逐渐取代了官学的地位。南宋淳熙二年（1175）"鹅湖之会"后，出现了朱学、陆学、吕学、永康之学和永嘉之学五大学派，各派都创办了诸多书院。温州的书院北宋时已初露端倪，南宋时达到鼎盛。

温州"元祐以来，士风浸盛"。其实在稍前的皇祐、元丰年间，温州就有所谓"皇祐三先生""元丰九先生""永嘉四先生"等学者，他们不仅首倡温州儒学研究之风，还创办了许多书院和私塾，最早的是王开祖在郡城华盖山麓创立的东山书院，稍后周行己创立了浮沚书院和东山塾等，各县有识之士也纷纷创办书院书塾。这些书院书塾的设立使孔孟儒学得到广泛传播，也促进了温州文化教育和科举事业的发展。根据方志等文献统计，宋代温州共有书院 11 所（其中北宋时期创建的有 4 所），书塾 22 所（其中北宋时期创建的有 8 所）。

表 2　宋代温州书院情况一览表

序号	书院名称	院址	创建时间	创建人	讲学者	备注
1	东山书院	郡城华盖山麓	皇祐年间（1049—1054）	王开祖		雍正《浙江通志》卷29，嘉靖《温州府志》卷1
2	浮沚书院	郡城谢池坊（雁池坊）	大观三年（1109）	周行己		《宋元学案》卷32，弘治《温州府志》卷2
3	永嘉书院	郡城西南渊源坊	淳祐十二年（1252）	王致远陈南一		弘治《温州府志》卷2，嘉靖《温州府志》卷1
4	仙岩书院	瑞安县崇泰乡仙岩寺	淳熙四年（1177）	陈傅良	陈傅良	弘治《温州府志》卷2，（府志误作帆游乡）
5	中村书院	瑞安县三都库村	淳祐二年（1242）	吴子良		《续文献通考》卷61，万历《温州府志》卷18
6	侯林书院	瑞安县三都库村	淳祐年间（1241—1252）	吴子益		《续文献通考》卷61，《新山吴氏宗谱》
7	鹅峰书院	平阳县	咸平年间（998—1003）			汤肇熙《出山草谱》卷6
8	会文书院	平阳县浦源南雁荡麓	崇宁三年（1104）	陈经邦		《大清一统志》卷304，汤肇熙《出山草谱》卷6
9	朝阳书院	平阳县缪程	南宋后期	缪存斋	胡子实	黄震《黄氏日钞》卷88，《民国平阳县志》卷10

序号	书院名称	院址	创建时间	创建人	讲学者	备注
10	宗晦书院（艺堂书院）	乐清县东皋山麓	南宋前期	汤艺堂		《明一统志》卷48，弘治《温州府志》卷2，《续文献通考》卷61
11	梅溪书院	乐清县四都乡梅溪村	绍兴十四年（1144）	王十朋	王十朋	徐炳文《王忠文年谱》，雍正《浙江通志》卷29

表3 宋代温州书塾情况一览表

序号	书塾名称	书塾地址	创建时间	创建人	讲学者	备注
1	儒志塾	郡城东南隅儒志坊	北宋中期		王景山	弘治《温州府志》卷2，嘉靖《温州府志》卷1
2	经行塾	郡城通道桥巷	北宋中期		丁昌期及其三子	弘治《温州府志》卷2
3	孝廉塾	郡城仰解元巷幞头河	北宋中期	仰炘	炘子五人、周行己	弘治《温州府志》卷2，嘉靖《温州府志》卷1
4	东山塾	郡城谢池巷	北宋后期	周行己	沈躬行、戴明仲	弘治《温州府志》卷2，嘉靖《温州府志》卷1
5	草堂塾	郡城城南厢	北宋后期		张辉，子孝恺、孙纯	弘治《温州府志》卷2
6	小南塾（少南塾）	郡城五马坊	南宋前期	陈鹏飞		弘治《温州府志》卷2，嘉靖《温州府志》卷1
7	城西塾	郡治西	南宋前期	郑伯熊		弘治《温州府志》卷2，嘉靖《温州府志》卷1
8	稚新塾（雅俗塾）	郡城雅俗坊	南宋前期	薛季宣		弘治《温州府志》卷2

序号	书塾名称	书塾地址	创建时间	创建人	讲学者	备注
9	南湖塾	郡城南厢茶院寺东	隆兴元年（1163）	毛宷	陈傅良、蔡幼学、叶适、陈埴	弘治《温州府志》卷2，《止斋先生文集》卷49
10	德新塾	郡城德新坊（八字桥）	南宋中期	朱声	蒋惠	弘治《温州府志》卷2，嘉靖《温州府志》卷1
11	吹台塾（慈湖塾）	永嘉县吹台乡	南宋中期	吴溁、杨简		弘治《温州府志》卷2，嘉靖《温州府志》卷1
12	荪田塾（蒙公书塾）	永嘉县仙居乡五十二都	南宋	戴蒙		弘治《温州府志》卷2，光绪《永嘉县志》卷8
13	梅潭塾	瑞安县崇泰乡仙岩	南宋中期	木砺	陈傅良、木天骏	弘治《温州府志》卷2，嘉靖《温州府志》卷1
14	凤岗义塾	瑞安县来暮乡凤冈	南宋	曹绛		弘治《温州府志》卷2
15	龙坞塾	瑞安县安仁乡	南宋	刘拨	刘良贵	弘治《温州府志》卷2，嘉靖《温州府志》卷1
16	塘岙塾	瑞安县帆游乡塘岙	北宋中期	林石	林石及其门人	弘治《温州府志》卷2，（以春秋教于乡，屏去进士声律之学）
17	南山塾	瑞安县帆游乡南山	南宋中期	郑士华		弘治《温州府志》卷2
18	图南塾	乐清县长安乡	乾道间	翁敏之	陈埴	弘治《温州府志》卷2，嘉靖《温州府志》卷1
19	白石塾	乐清县茗屿乡白石村	南宋中期	钱尧卿、钱文子	叶适	弘治《温州府志》卷2，嘉靖《温州府志》卷1
20	万桥塾	乐清县瑞应乡	熙宁初	万规	万庚	弘治《温州府志》卷2
21	鹿岩塾	乐清县永康乡鹿岩下	南宋前期	贾元范		弘治《温州府志》卷2，嘉靖《温州府志》卷1
22	惜阴书塾	今泰顺县葛垟乡桂峰山麓	端拱二年（989）	陶曳		陈锦《补勤诗存》卷3

温州书院书塾的繁多与永嘉学术的兴盛有着密切的互动关系，也与地方政府的重视和鼓励密不可分。温州知州赵师篯为表彰永嘉书院培养人才有功而立渊源坊。郡城的儒志塾、德新塾、雅俗塾和瑞安的南山塾也得到了立坊的表彰，并作为坊名而传于后世。东山书院、梅溪书院被后人重建扩建，延续了七八百年之久。浮沚书院、仙岩书院与雅俗塾、梅潭塾、南湖塾等都是薛季宣、陈傅良、叶适等人的读书与讲学之所，连同其他书院大抵上都与永嘉学派的活动有密切关系。

总之，温州的官学也好私学也罢，都是科举事业的有力推动者，也是其得以维续兴盛的重要保障。

第六章

儒学开新 永嘉学派

孙邦金

宋代是温州文化发展史上第一个异峰突起的高涨期，可以说其间温州区域文化实现了从自发到自觉的一次突破，正式形成了自己独树一帜的区域特性和思想风格，影响极为深远。永嘉学派第一次从哲学的层面总结、升华并说明了温州人精神的实质内涵，诸如道在器中、事上理会，道无内外、学思并进，因地制宜、工商皆本，以利和义、义利并举，民自为生、藏富于民等思想主张，堪称温州人走向文化自觉的标志。

▲ 南宋龙泉窑青瓷叶适墓志，温州市
鹿城区海坛山出土，温州博物馆藏。

纵观整个温州区域文化发展的历史，大概主要有三个高涨时期：一是南宋永嘉之学，二是晚清维新之学，三是当代温州商业文化。从历史长时段来看，晚清至当代百多年的历史可以视为一个相对连续的阶段，因此温州思想文化高涨期其实只有两个：一个是宋代尤其是南宋温州，一个是近代以来的温州。第一个时期出现了众多知名的文学艺术家、思想教育家和政治家，南戏、四灵诗派、永嘉学派相继形成，一时蔚为大观，为温州文化和温州人精神奠定了历史基调。其中，永嘉学派第一次从哲学的层面总结、升华并说明了温州人精神的实质内涵，这是温州人走向文化自觉的标志。有了一套适合地域发展实际的深厚文化积淀和底蕴之后，温州科举开始仕宦辈出，而且每每能够在风云激荡的社会变革时代敢为人先、走在前列、引领风气之先，成为温州人连绵不绝、生生不息的文化共识和精神动力。

温州人精神的最初提炼和哲学升华

一方水土养一方人，温州是中国改革开放四十多年来知名度非常高的一个现象级城市。温州人为了应对环境而闯荡出来的一套积久成习、稳定有效的生存智慧，往往不言自明的集体无意识或"默会知识"，是不自觉的。正是这种日用常行而不知的温州人精神，构成了温州人真正的文化标识。

永嘉学派与温州人精神有什么关系呢？这要从温州历史上的第一个高光时段——宋代温州及其永嘉学派说起。温州很有幸，到了宋代尤其是南宋，经济、政治和文化都发展到一个前所未有的高度。经济上，"一片繁华海上头，从来唤作小杭州"，商贸繁盛；文化上，"温多士为东南最"，据统计，从晚唐到晚清一千年时间中，温州文科进士共有 1416 名，南宋一朝

▲《水心先生酬北涧诗帖》的叶适字迹，日本国立国会图书馆藏。

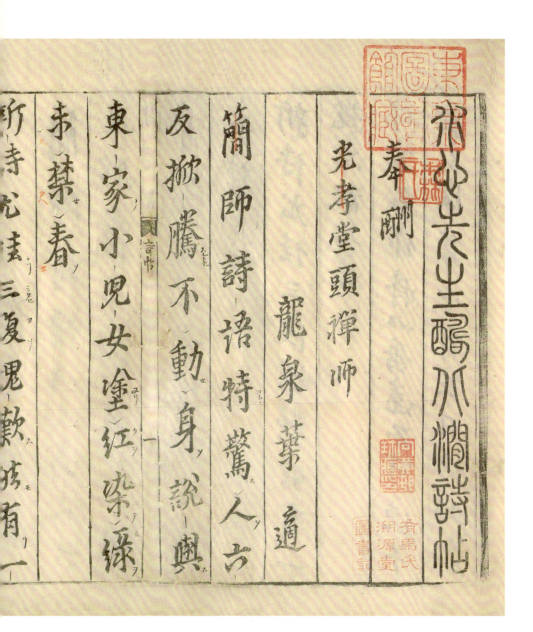

光孝堂頭禪師

龍泉華適

簡師詩語特驚人古

反掀騰不動身説興

東家小兒女塗紅染緑

赤禁春

新寺光書三夏罷歓猶有一

就占了 1187 名!这是经济、政治和文化资本积累到一定程度并形成良性循环才会有的现象。这时候,经过唐宋几百年的文化转型和积累,以薛季宣、陈傅良、叶适等为代表的永嘉思想群体前赴后继,形成了强调制度创新和事功实践的永嘉学派,并作为浙东学派的重要组成部分,与当时江西陆九渊心学、福建朱熹理学三足鼎立,产生了全国性影响。要知道,在偌大的中国,拥有自己一套完整哲学体系的地方(地级市)其实并不多见。永嘉学派的出现,标志着温州人有了一套稳定有效的心理积习,标志着温州人的思维方式和价值观念从自发走向自觉,从稚嫩走向成熟。

为何有些温州人并不知道永嘉学派说了什么,但照样事业做得风生水

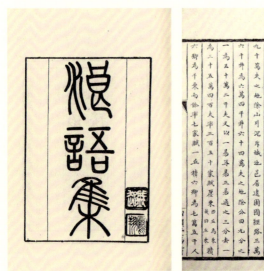
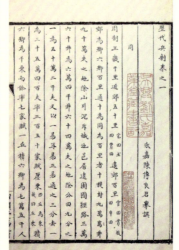

▲ 薛季宣《浪语集》(左)。

陈傅良撰《历代兵制》,明抄本,浙江省图书馆藏,列入第一批国家珍贵古籍名录(右)。

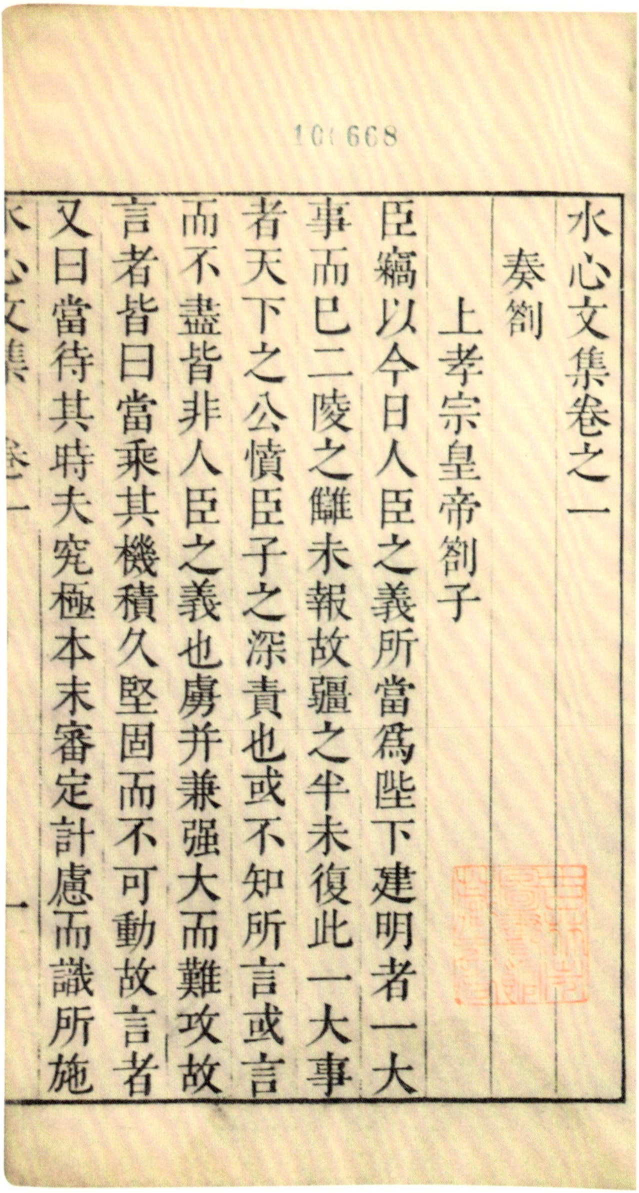

水心文集卷之一

奏劄

上孝宗皇帝劄子

臣竊以今日人臣之義所當爲陛下建明者一大事而已二陵之讎未報故疆之半未復此一大事者天下之公憤臣子之深責也或不知所言或言而不盡皆非人臣之義也虜并兼強大而難攻故言者皆曰當乘其機積久堅固而不可動故言者又曰當待其時夫究極本末審定計慮而識所施

水心文集　卷一　一

▲ 明末刻本《水心文集》，叶适撰，吉林市图书馆藏，列入第二批国家珍贵古籍名录。

封盎斯眾多之子孫大抵皆有以處之也○孟子曰天子受地視公侯元士受地視子男以入命之公六命之伯其命數多矣非此遠近受地不可以異云爾於此所謂郊視其外則其名有所伸而實有所屈大夫子男其命數七天子受

内諸侯與外諸侯之分上一同則雖極禹迹所至之處亦不足以圖說曰孟子曰天子之卿受地視侯大夫受地視伯上士受地視子男以入命之公六命之伯其命數多矣

德者皆以次出封而無功德者亦各以親疎食采織內借使周之守土之師有所養在命者甲其封禄而近郊之地故任近地別受田而任郊所謂采田等也

制也文王孫子本支百世文之穆武之穆與夫周公之祚嗣有功視公侯元士受地視子男以入命之公六命之伯其命數多矣

所謂百里七十里五十里之制異矣○王氏詳說曰王制是夏

夫以武王之母弟八人雖曰五叔無官

然所謂日管日蔡日成日霍日毛者亦其采地也商之三仁箕子

微子以爵言而比干特謂之王子比干無可食之采地他可知矣

▲ 王与之《周礼订义》八十卷，共征引超过
七十位学者的上万条经说，尤以宋代《周
礼》诠释成果为主，具有极高的史料价值，
是周礼学集大成之作。

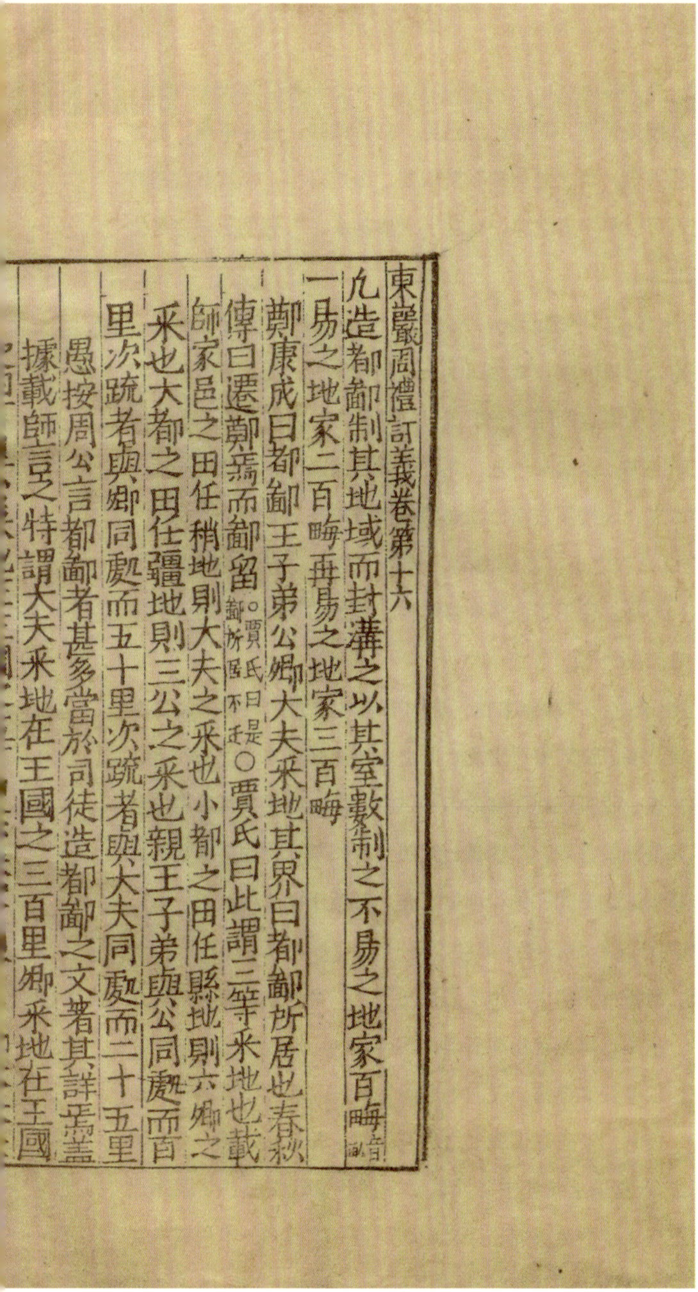

凡造都鄙制其地域而封溝之以其室數制之不易之地家百畮

一易之地家二百畮再易之地家三百畮

鄭康成曰都鄙王子弟公卿大夫采地其界曰都鄙所居也春秋

傳曰遷鄢焉而鄙留　鄙所居不迁○賈氏曰是

師家邑之田任稍地別大夫之采也小都之田任縣地別六卿之

采也大都之田任疆地別三公之采也親王子弟與公同也○賈氏曰此謂三等采地也載

里次疏者與鄉同畿而五十里次疏者與大夫同畿而二十五里

愚按周公言都鄙者甚多當於司徒造都鄙之文著其詳王蓋

壌載師言之特謂大夫采地在王國之三百里鄉采地在王國

起?因为永嘉学派是从温州这片土地中长出来的,是从温州人的生存智慧中总结提炼出来的。你意识不到没有关系,但言行举止其实处处体现了永嘉学派的价值理念,只是不自觉而已。当然,有了永嘉学派之后,温州人的思想观念从自发走向自觉,更加坚定了自己的文化认同和文化自信,又反过来强化了温州人敢为人先、勇立潮头的精神动力。回顾温州人生生不息、一脉相承的精神源头——永嘉学派,会带给我们续写创业史的勇气和力量。

永嘉学派生成与发展的历史脉络

中国历史文化到了唐宋时期,由于经济发展和科举取士制度打开了自下而上的社会流动通道,文化教育不断向民间基层社会下移渗透,成就更为斐然。经过"文起八代之衰"的韩愈和"深博无涯涘"的柳宗元等人的共同努力,处于佛教和道教夹击之下的儒学在经历了长达五个世纪的低潮后开始触底反弹、复兴,渐成潮流。经过"宋初三先生"胡瑗、孙复、石介等人的开拓,到了神宗朝前后,周敦颐、邵雍、张载、程颢、程颐等北宋儒学钜子集体涌现,新儒学复兴态势已然形成。

温州当时地处荒僻,远离中原文化中心。一般说来,永嘉学派真正兴起要等到洛学南传和宋室南渡之后,然而北宋时期,温州区域儒学的发展也逐渐水涨船高,渐有起色,理应视为永嘉学派兴盛的积累和萌芽期。正如黄宗羲、全祖望《宋元学案》中指出的那样:"庆历之际,学统四起。……永嘉之儒志(王开祖)、经行(丁昌期)二子……筚路蓝缕,用启山林。"

北宋中期是温州儒学筚路蓝缕的文化奠基时期,代表人物是温州"皇祐三先生":王开祖、丁昌期和林石。王开祖,字景山,皇祐五年(1053)进士,曾讲学温州东山之麓,终年三十二岁,有《儒志编》传世,世称儒志先生。王开祖推崇《周礼》中"周公之志为不少矣",批判"《春秋》之义,有饰诈逃恶者"。这与荆公新学非常类似。永嘉学者有很多人研究《周礼》,可能多少受到了王开祖的影响。王开祖"发明经蕴,但鸣道学",在北宋率先提出了"道学"一词,被称为"永嘉理学开山祖"。

北宋神宗元丰年间,太学改制,大幅增加学额,温州人到开封太学读书的人也明显增加。元丰和哲宗元祐年间,在开封府太学学习的温州人,主要代表人物是"元丰九先生",包括周行己、许景衡、蒋元中、沈彬老、刘安节、刘安上、戴述、赵霄、张辉等九人。据全祖望记载,除了蒋、赵和张三人是私淑程颐之外,其他六人皆受学于程颐(伊川)洛学。其中,蒋元中早逝,生平不详。沈躬行,字彬老,未出仕,问学程颐、吕大临、林石等。戴述,字明仲,少游太学,曾问学二程。赵霄,字彦昭,崇宁二年进士。张辉,字子充,政和二年(1112)举八行(八种德行),赐上舍出身,入仕。九人之中,就影响力而言,周行己、刘安节、刘安上和许景衡四人更具代表性。

周行己,字恭叔,世称浮沚先生。其父周泳为进士,从瑞安湖岭迁居瑞安县城,后又迁至温州城内。周行己十四五岁游学开封,元丰六年入太学,元祐六年(1091)中进士,官至正议大夫。曾问学于程颐和吕大临。有《浮沚集》九卷。任太学博士后回乡任温州教授,开始在家乡传授学术,直接开启了洛学在温州的传播。他认为,"学病乎无实,不病乎无名","士之学道,亦欲兼济于时",表现出鲜明的经世致用学风。南宋学者陈振孙《直斋书录解题》认为周行己乃"永嘉学问所从出也"。

许景衡,瑞安人,字少伊,绍圣元年(1094)进士,未问学程颐,但与二程弟子过从甚密,有《横塘集》二十卷(今《许景衡集》)传世,世称横塘先生,《宋史》有传。他的《送商霖(鲍若雨)兼简共叔(周行己)》

一诗云："末学纷纷只是夸，孔颜门户本无遮。农工商贾皆同气，草木虫鱼是一家。我欲收心求克己，公知诚意在闲邪。汝南夫子规模大，归去相从海一涯。"表达出欣赏、肯定洛学的明确立场，以及"农工商贾皆同气"的工商皆本之主张。

据统计，问学程门的温州士子多达十余人，永嘉之学成为洛学南传派系中除道南、湖湘二脉之外的重要分支。朱熹虽说程门中"温州多有人，然都无立作""永嘉诸公语絮"（《朱子语类》卷一〇一、卷九七），批评此时永嘉学问琐碎不成体系，也缺少创新性，但正如真德秀认为的那样，周行己、刘安节等人"得之为永嘉之学，其源亦同自出"，仍旧是程门中不可忽视的学者群体。永嘉诸子记录了大量的二程语录，其中周行己大概记录了《河南程氏遗书》第十七卷，刘安节记录了第十八卷，鲍若雨则记录第二十三卷，对于洛学的整理、阐释和传播皆作出了重要贡献。

虽然南宋定都临安之初，周行己、刘安节、刘安上和许景衡等大都终老，不过他们已经影响、带动了一批温州士人接续传承和发展中原主流文化，尤其是洛学等学统。据记载，"绍兴末，州始祠周公（行己）及二刘公（安节、安上）于学，号三先生"。南宋初期，郑伯熊开始私淑周行己之学，而郑伯熊（景望）、郑伯英（景元）加之从弟郑伯谦（节卿）三兄弟对于薛季宣、陈傅良、叶适等人都有明显影响。

叶适《温州新修学记》一文，堪称最早的一篇永嘉学派发展史专论，对于宋室南渡之后的温州儒学流变概述如下：

> 昔周恭叔首闻程、吕氏微言，始放新经，黜旧疏，挈其俦伦，退而自求，视千载之已绝，俨然如醉忽醒，梦方觉也，颇益衰歇。而郑景望出，明见天理，神畅气怡，笃信固守，言与行应，而后知今人之心可即于古人

之心矣。故永嘉之学，必兢省以御物欲者，周作于前而郑承于后也。

薛士隆愤发昭旷，独究体统，兴王远大之制，叔末寡陋之术，不随毁誉，必撝故实，如有用我，疗复之方安在！至陈君举尤号精密，民病某政，国厌某法，铢称镒数，各到根穴，而后知古人之治可措于今之治矣。故永嘉之学，必弥纶以通世变者，薛经其始而陈纬其终也。

叶适历来主张"道无内外，学则内外交相明"，完整的儒学应该由内圣之学与外王之学两方面构成，而永嘉之学作为儒学版图中的一块，亦不例外。在内圣之学方面，"永嘉之学必兢省以御物欲者，周作于前而郑承于后也"；在外王之学方面，"必弥纶以通世变者，薛经其始而陈纬其终也"。前者延续了洛学的精神，更强调内在的道德反省和自律，要以周行己和郑伯熊为代表；后者则体现出永嘉学派"必弥纶以通世变"这一明显不同于洛学和其他区域性儒学流派的浙学特质，以薛季宣和陈傅良为代表。如果加上叶适本人——永嘉学派的集大成者，基本上就勾勒出了南宋永嘉学派从兴起到兴盛成熟的两个阶段。

宋室南渡之后，中原经济、政治和文化中心南迁，温州从边缘之地一跃而为临近京畿的重地，不仅经济和政治地位大幅提升，文教科举事业亦大为改观。在此背景之下，随着洛学在永嘉的继续传播和地方性知识传统等多重催化，思想文化名家开始群体性涌现，形成了"中兴以来，言理性之学者宗永嘉"（楼钥）的生动局面。温州状元王十朋曾在《送叶秀才序》中指出："吾乡谊理之学，甲于东南，……士子群居学校，战艺场屋，笔横渠而口伊洛者纷如也。"可见温州人传承关学、洛学的盛况以及科举教育事业的突飞猛进。

南宋前期永嘉之学除了萧振、薛徽言、陈鹏飞等人之外，主要代表还有郑伯熊、郑伯谦等人。郑伯熊，字景望，绍兴十五年进士，私淑于周行己。在永嘉儒学开新事业中最为显著的贡献，是他乾道六年（1170）在提举福建路常平茶事任上，与朱熹在建宁府合编刻印了《程氏遗书》《外书》《文集》《经说》等"程氏四书"。此时距离程颐去世（1107）已过去了六十多年。程氏文献的刻印可以说为洛学在浙闽一带的传播发展提供了基础性条件。郑伯熊的遗著有《郑景望集》，现有《二郑集》（与郑伯谦合编）传世，其《议财论》与《周礼说》（已佚）诸篇，表现出强烈的务实经世取向，叶适为此有诗评价他"有学堪经世，无官可效忠"。由于薛季宣、陈傅良、叶适大都向其问过学，因此对于永嘉之学的兴盛起到了"邹鲁振儒风"（叶适《哭郑丈》）的直接推动作用。

郑伯熊从弟郑伯谦，字节卿，历官修职郎、衢州府学教授，有《太平经国之书》十二卷。郑伯谦此书首列四张古代官制的图表之后，共分三十目，其中《内外》《会计》一门又各分为上下篇，共计三十二篇。郑伯谦认为《周礼》为"周公致太平之迹"，将此书定义为一本中国传统政治制度之渊薮。周官除了"设官分职"之外，"又其细者，则及于登鱼取龙捉鳖之微，毕公所谓克勤小物者，周公尤尽心焉"。《周礼》对于各种社会事务的管理规定事无巨细、不厌其烦，就连鱼、鳖、虫、鸟等皆设官管理，可谓中国太平政治架构最精微、最理想的一个鸿篇巨制。遗憾的是，"汉氏去三代甚近，而去周为尤近，不能因其自私之心而讲求周公致太平之迹"。郑伯谦精练地概括了对于周礼"恨不及用""愧不能用"和"悔不善用"这三种不同态度与运用方式，并指出了各自之得失。正是由于郑氏具有比较强的历史自觉意识和经世精神，其礼学研究方能"求其简练揣摩，坐而言，起而可见之施行者"，流畅通达，臻于实用。例如，此书在"会计"一节中，总结了汉唐以后专门研究财政、经济问题的著作，进而提出了"出纳移用"与"纠察钩考"分权制约的会计原则。这显然是对《周礼》中简约的财政与会计规定做了一定的变通和引申。《宋元学案·景望学案》评价此书"皆以周官制度类聚贯通，证之后代史事，以明古代治学"，是一本依托《周礼》的政治著作。后来四库全书收入时，亦基本上延续了这一评价。

经过长期的积累，温州儒学能够开新立派的当属薛季宣、陈傅良和叶适三人。此次永嘉儒学开新作为南宋儒学版图中的重要组成部分，其实质是一种"制度新学""经制之学"。它作为整体浙东学术和浙学传统中的一个重要文化流派，与当时江西陆九渊心学和福建朱熹理学"鼎足为三"，在整个中国儒学、哲学史上也占有一席之地，尤其是在义利、公私、农商之辨等问题上别开生面，写下了浓墨重彩的一章。叶适在《陈彦群墓志铭》中曾指出："时诸儒方为制度新学，抄记《周官》《左氏》，汉唐官民兵财所以沿革不同者，筹算手画，旁采众史，转相考摩。其说膏液润美，以为何但捷取科目，实能附之世用，古人之治可复致也。"这一段话揭示出了永嘉学派治学的兴趣所在及其核心内容，即主要依据《周官》《春秋》等儒家礼学、史学经典，结合汉唐以来的历史沿革经验，再参考其他史籍遗事，研求有关官、民、兵、财等既可"捷取科目"又可"附之世用"的制度性资源。依此可以说，永嘉经制之学最能代表南宋儒学谱系中的制度儒学面向。

薛季宣是永嘉经制之学发展史上具有开创性的学者，其弟子陈傅良在《薛公行状》中总结了他的思想贡献："公自六经之外，历代史、天官、地理、兵、刑、农，末至于隐书小说，靡不搜研采获，不以百代故废。尤邃于古封建、井田、分遂、司马之制，务通于今。"薛季宣虽然英年早逝，但其注重封建、井田、乡遂及兵制等制度儒学的治学取向，被陈傅良、叶适等人承继了下来并加以发扬光大，因此才逐渐形成了永嘉之学有别于其他地方的、稳定成熟的区域文化性格。

在薛季宣的直接影响之下，陈傅良"实究治体"，"至古人经制，三代治法，又与薛公反复论之"（叶适《宝谟阁侍制中书舍人陈公墓志铭》），为学同样反对空谈性理，注重经世实学的探讨与实践。在朱熹与陈亮的义利之辩中，陈傅良居间调停，但多多少少更偏向于同为浙东学派的陈亮的主张。除了参政议政、学术研究之外，陈傅良一生积极投身于教育，兴办学校，造育人才，其科举时文更是"擅于当世"，名闻天下。他在温州城南寺学塾、瑞安仙岩书院等地讲学期间，学子"皆相号召，雷动从之"，从游者甚众，不仅影响了叶适，还培养了蔡幼学、曹叔远等一大批永嘉学派后劲。陈傅良在湖南任职期间曾讲学于岳麓书院，对于当时的盛况，朱熹曾不无夸张地说："君举到湘中一收，收尽南轩门人。"可见其非同一般的影响力。

叶适，字正则，世称水心先生。自小家贫，屡次迁居，自学成才，私淑于郑伯熊、陈傅良等人，青年游学各地，淳熙五年（1178）中进士（榜眼），官至吏部侍郎和沿江制置史。晚年讲学于家乡和台州等地，潜心著书立说，今编为《叶适集》三册、《习学记言序目》上下册（中华书局，1961/1976年）等传世。这些著述成就了一套完整系统的学术思想体系，他在政治、经济、哲学、历史、军事、教育、文学诸领域皆可称大才，堪为永嘉学派集大成者。

▲ 叶适画像

叶适的哲学思想主要包括以下几个方面：一是气化唯物论，主张"夫形于天地之间者，皆物也"，"一气之所役，阴阳之所分，其始为造，其卒为化，而圣人不知其所由来者也"（《水心别集》卷五《进卷·诗／易》）；二是道器论，主张"物之所在，道则在焉"，"道可言，未有于天地之先而言道者"(《习学记言》卷四七);三是辩证法思想,主张"道原于一而成两,古之言道者必以两"(《进卷·中庸》);四是经验主义认识论,主张"知之至者,皆物格之验也。有一不知,是浯不与物皆至也"(水心别集卷七《进卷·大学》),"无验于事者,其言不合;无考于器者,其道不化。论高而实违,是又不可也"(《习学记言》卷十五《老子》)。

叶适的伦理思想充分体现在其《习学记言序言·总述讲学大指》一节中,主要包含两个方面:一是在人性善恶论方面,认为"古人固不以善恶论生也",关键在于"能起伪以化性,使之终于为善而不为恶"(《习学记言》之《荀子·性恶》);二是在道德修养论方面,指出"古人未有不内外交相成而至于圣贤","圣言在前,待进而验","无验于事者,其言不合"(《水心别集》《进卷·总义》)。

叶适的经济思想也很丰富,这是心学和理学诸派中较少论及的话题,比较能够表明永嘉学派的思想焦点之所在。在义利观方面,叶适认为"义,利之和;利,义之本",批评义利对立的思想风气,改以主张"以利和义,不以义抑利"(《习学记言序目》卷二七《魏志》)。他说:"仁人正谊(义)不谋利,明道不计功,此语初看极好,细看全疏阔。古人以利与人,而不自居其功,故道义光明,后世儒家行仲舒之论,既无功利,则道义者乃无用之虚语耳。"(习学记言卷二十三《汉书三·列传》)具体实践层面,叶适主张工商皆本:"夫四民交致其用而后治化兴,抑末厚本非正论也"(《习学记言序目》卷十九《史记·平准书》);同时强调理财的重要性:"取之巧而民不知,上有余而下不困,斯其为理财而已矣",认为若"以为取诸民而供上用","今之言理财者,聚敛而已矣"。这些主张在当时是颇出人意表和针砭时弊的。对此以利和义、义利并举的主张,朱熹表示了强烈不满,《朱子语类》中有言:"叶正则作文论事,全不知些著实利害,只虚论。"简言

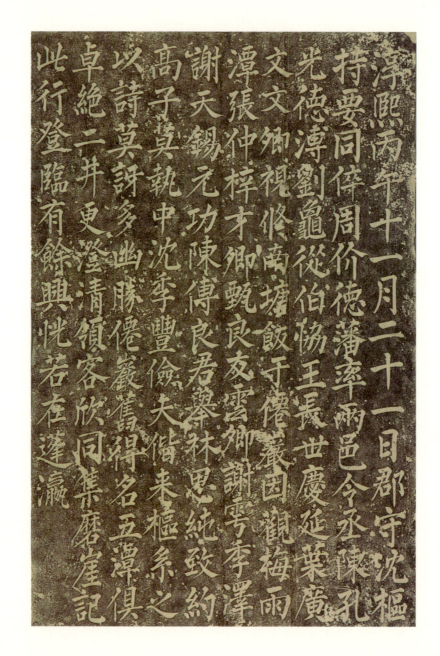

淳熙丙午十一月二十一日郡守沈樞持要同僚周价德藩率兩邑令丞陳孔光德溥劉龜從伯協王長世慶延葉廣文文卿視從南塘飯于僧養園觀梅雨潭張仲梓才卿甄良友雲卿謝雲季澤謝天錫元功陳傳良君夫偕來榧系之高子莫執中沈季豐儉夫偕來榧系之以詩莫訏多幽勝僊巖舊詩得名五潭俱卓絕二井更登清領客欣同集磨崖記此行登臨有餘興怳若在蓬瀛

▲仙岩摩崖石刻记录了陈傳良游踪。

之，朱叶之间的分歧颇多：一是朱子严辨义利之别，而叶适则主张去利无以言义；二是叶适提出了道器兼备的新道统论，与朱熹不契合；三是叶适对佛学持开放态度，朱子则严守儒释分界；四是双方在如何解决南宋当时面临的内忧外患等重要问题上，决策取向也多有不一致之处。可以说，叶适最为系统地建构并论证了永嘉学派的思想主张，使其真正成为南宋新儒学拼图中不可缺少的一个重要板块。全祖望补《宋元学案·水心学案》中指出："乾淳诸老既殁，学术之会，总为朱陆两派，而水心断断其间，遂称鼎足。"诚哉斯言！

叶适之后，温州缺少与前贤比肩的思想宗匠式的人物，加之朱子学被确立为官学、显学等原因，永嘉学派逐渐衰落。晚清孙衣言在给孙希旦《礼记集解》作序时，曾总结过永嘉学派自萌芽、兴起、兴盛到衰落的这一历史过程：

盖吾乡儒术之兴，虽肇于东山、浮沚，而能卓然自成为永嘉之学，以鼎立于新安、东阳间，虽百世后不能强为轩轾者，必推之乾、熙诸儒。至叶文修（味道）、陈潜室（埴）师事朱子以传新安之学，元儒史伯睿实其绪余，以迄于明之黄文简淮、张吉士文选，而项参政乔、王副使叔果，当姚江方火之时，不能无杂于陆学，而永嘉先生之风微矣！

当然，在明清时期，也多有人兴起永嘉学派之风，只是大多是在朱子学的格局里来处理的，在很大程度上掩盖了永嘉学派的自身特点。直到晚清时期，永嘉之学才又有了重新光大之势。晚清宋恕认为："自元明都燕，取士法陋，温复荒僻，至皇朝荒益甚。阮公元督浙学，悯温之荒，殷殷诱焉而不能破。及先生（孙锵鸣）及与兄太仆（孙衣言）出，力任破荒，不惮舌敝，以科第仕宦之重动父兄子弟之听，于是温人始复知有永嘉之学，始复知有其他学派。"近代以来的温州，作为东南沿海开埠较早的新文化重镇，地方社会与文化的发展有一个由慢到快不断加速的过程。以瑞安孙氏、黄氏两大科宦世家和"东瓯三杰"为代表的温籍士大夫群体心系乡土和家国，相继在学界崭露头角。尤其是自 1876 年开埠通商之后，温州由于地处"中西交会之要冲"，区域社会与文化传统的转型开始加速，不仅产生了一大批有全国性影响的学术思想大家，而且涌现了一大批救国救民的仁人志士，声教迄于全国。改革开放以来的温州，更以其敢为人先的工商文化闻名于世，永嘉学派由此又获得了人们的高度关注，相关研究和转化复呈现出一派繁荣景象。

永嘉学派与温州人精神的核心内涵

现在的人们经常有一个误解，那就是正是有了永嘉学派这门教人赚钱的学问，因此温州人才那么会做生意。之所以是误解，道理很简单，君子爱财，取之有道，爱钱并不代表有钱。有发财的欲望，恐怕古今中外之人，概莫能外，这并不是温州人的特别之处。准确地讲，除了受到想赚钱的强烈欲望推动之外，更重要的是遵从什么样的思想观念，采取何种生产方式、经济政策和社会制度来实现这种欲望。这些与发财欲望没有直接关系的思想才是永嘉学派更为重要的东西，才是温州人"有一套"的奥秘之所在。具体说来，永嘉学派总结出来的带有温州特色的核心要义，有以下五个方面。

一、道在器中，事上理会——空谈误国、务实创新的道理

与心学、理学大谈天命人道、心性情才等抽象概念不同的是，薛季宣

十年樹木百年樹人

剛日讀經柔日讀史

攬谷表弟清屬

止庵孫鏘鳴

▲孫鏘鳴行书联："刚日读经，柔
日读史；十年树木，百年树人。"

等人说"道在器中"，就是强调理论要从实践经验中来，要联系实际，要能够解决实际问题才行。黄宗羲在《宋元学案》中说："永嘉之学，教人就事上理会，步步着实，言之必使可行，足以开物成务。"事上理会，就是注重实际问题的分析与解决，空谈误国，实干才能兴邦。邓小平1992年南方谈话里有一段话："不搞争论，是我的一个发明。不争论，是为了争取时间干。一争论就复杂了，把时间都争掉了，什么也干不成。不争论，大胆地试，大胆地闯。农村改革是如此，城市改革也应如此。""温州在外界争论中出名，在内部不争论中发展"，这应该是温州人突破教条、务实创新、敢为人先的最佳注脚。改革开放以来，温州屡创中国第一，诸如第一张个体工商营业执照、第一张民营企业股票、第一个镇级市——龙港市。这些都是永嘉学派事上理会、务实创新思维的生动体现。

二、道无内外，学思并进——自主思考、内外兼修的道理

永嘉学派在儒学研究的内容范围和方式方法上，与理学、心学有着明显的不同。相对于心外无物的内向用功和格物穷理的外向用功，叶适主张"道无内外，学则内外交相明"（《习学记言序目》卷四四），内圣之学与外王之学只有相互配合才能成就儒学的完整面貌，偏主一方皆有所蔽。在坚持思维的主体独立性问题上，叶适《题薛常州〈小学录〉后》说得很清楚："一人之身，众人之身也。一身之家，天下之家也。一士之学，万世共由之学也。不以其身丽众人之身，必自成其身，其身成而能合乎众人之身矣；若夫私其身者，非也。不以其家累天下之家，必自治其家，其家治而能合乎天下之家矣；若夫私其家者，非也。不以其学诿万世共由之学，必自善其学，其学善而能合乎万世共由之学矣；若夫私其学者，非也。"这里的"自成其身""自治其家""自善其学"，无一不在强调不依傍他人、独立

自主的重要性。从著述内容上看，永嘉学派除了强调内在道德修养之外，精力更多用在了总结思考解决实际问题的历史经验和具体对策上，体现出关于坐言起行的鲜明的实践理性。在学习方法上，叶适指出"孔子称'学而不思则罔，思而不学则殆'，是思学兼进者为圣"（《习学记言序目》卷一三），强调学思并进、内外兼修和知行统一。

三、因地制宜，工商皆本——无工不富、无商不活的道理

说温州山清水秀、人杰地灵，一点也不算过论，但是在农业时代，其七山一水二分田的自然条件，则是制约温州发展的最大短板。人地关系十分紧张，农业基础薄弱，靠务农维持生计都有困难，更不要说追求美好生活了。因地制宜，扬长避短，利用通海之便选择从事手工业、商贸业，就成为温州人为数不多的谋生之路。改革开放以来，"温商"名闻天下，"小商品，大市场"的温州模式取得了成功，其实与温州自古以来"其人多贾"的传统是分不开的。相对于无农不稳、安分守己的农本思维，温州人更能够深切体味出无工不富、无商不活的道理。这种生存选择反映到经济思维和哲学理论上时，就是叶适等人"工商皆本"的思想。叶适在《习学记言序目》中说："夫四民交致其用而后治化兴，抑末厚本，非正论也。"只有"四民"（士农工商）相互配合、互通有无，才能搞活经济、改善民生、富国富民。温州人爱做生意，其实是习惯成自然，与他们长期形成的重商主义文化基因是密不可分的。

四、以利和义，义利并举——经济与道德良性互动的道理

永嘉学派讲工商皆本，也有很多温州人做生意，可是商人唯利是图的形象却使温州人饱受道德争议。朱熹当年批评"若永嘉、永康之说，大不

成学问!"恰恰在中国人最为关注的义利关系问题上，叶适说:"既无功利，则道义者乃无用之虚语耳。"这里的以利和义之"和"，是说经济发展是道德提升不可缺少的前提条件;用马克思主义的话来说，就是物质决定意识、经济基础决定上层建筑的意思。当然，温州人也不是不明白，经济越发达，越要讲道德，两者相辅相成，缺一不可。准确地讲，永嘉学派主张的是崇义养利、以利和义、义利并举，求大义于公利公益事业之中，力求道德与经济的平衡发展和良性互动。温州的红日亭、兰小草，遍地可见的老人亭、伏茶点，以及新冠疫情防控期间的"硬核包机""史上最长单人行李托运单"也都证明了这一点。应该说，温州人对于整个儒学公私、义利之辩和

▲ 瑞安玉海楼是近代温州文化高地。

推动经济发展方面有着出人意表的贡献，但在爱国爱乡、急公好义方面同样也敢为人先、不落人后。

五、民自为生，藏富于民——依靠群众、自力更生的道理

《老子》五十七章有曰："天下多忌讳，而民弥贫。"自由开放的社会政策环境、尊重民众对于美好生活的向往和追求的权利，这很重要。南宋郑伯谦在《太平经国之书》卷三《养民》说过一段耐人寻味的话："先王以民为生，后世则民自为生，生于今世，民无以为生矣。……不听其自为生，而至于无以为生，民病则极矣。"温州素称民营经济的大本营和发祥地，而民营经济的核心是"民"，具体包括:(1) 尊重人们对美好生活向往追求的"民生"理念;(2) 放手发动和依赖群众主体力量的"民本"思维;(3) 充分发挥民间和市场主导力量的"民营"策略。上个世纪80年代初的"四千"精神，90年代初的"四自"精神，无一不体现了温州人"自以为生"、自力更生——靠人不如靠己——的精神气概。温州人不等不靠不要，自己集资兴建了温州机场、金温铁路，还采取三元券的方式集资兴建了老的温州大学。

温州经济是一种"老百姓经济"——"老百姓是经济活动的主角"。习近平总书记指出:"中国梦是人民的梦，必须同中国人民对美好生活的向往结合起来才能取得成功。"[习近平:《习近平谈治国理政（第二卷）》，北京:人民出版社，2017年，第30页]相信只要以人民为中心，走群众路线，解放人民群众向往和追求美好生活的动力、潜力，重塑自下而上的改革动力，放手发动群众去创造美好生活，激发民众自主创业创新活力，打造有限有为有效政府，建设民营经济标杆城市，一定能够续写温州创新史，再创温州新辉煌。

第七章

唐情宋韵　永嘉四灵

杨万里

永嘉四灵是宋代温州文学史上一道明亮的光，上承谢灵运山水诗的风流，下启江湖诗派的诗韵。四灵的光亮，是与地域文化兴起相辅相成的。他们在诗歌创作中努力回归唐诗抒情的优良传统，摒弃主流诗歌创作中的不良倾向，体现温州文化的创新性格。

▲ 《永嘉四灵》，戴宏海绘。

"永嘉四灵"是指南宋中期温州的四位诗人，他们是徐照（字灵晖）、徐玑（号灵渊）、翁卷（字灵舒）、赵师秀（号灵秀）。因四人字号中都有一"灵"字，故名。四人诗学姚合、贾岛，以白描为主，又苦吟诗律，诗风清瘦，反对江西诗派"资书以为诗"的习气。四灵诗人的出现，既是温州地方文化和地方文学发展的内在规律使然，也是南宋政治、军事、经济和文化长期"内卷"的结果。宝庆元年（1225），钱塘书坊陈起将效法四灵诗风的诗人们的作品结集出版，命名为《江湖集》，标志着"江湖诗派"的形成。因此，四灵诗人是江湖诗派的导夫先路者。全祖望在《〈宋诗纪事〉序》里把宋诗的发展归纳为四个发展阶段，而"永嘉四灵"是第三个发展变化阶段。四灵诗人的文学史地位是很高的。

宋代温州地域文学与地域文化同步发展

温州为山水诗的发祥地，初扬名于谢灵运，但因地域文化未开，故嗣后温州在中国文化版图上依然寂无声响。《全唐诗》中温州诗人不多见，文章亦乏可称者。入宋，有诗僧叫惠云，与魏野、林逋诸人游，惜其诗名不彰，仅见称于北宋末许景衡《横塘集》中。从宋初到天圣甲子（1024）开国 64 年中，温州始有朱士廉一人中进士。进士代表着一个地方的文化高度，一个地方有进士出现，说明此地在文化上已经与主流文化接轨了。从天圣甲子至元丰元年（1078），54 年间温州又得进士 11 人，说明温州地域文化呈加速发展趋势。自元丰己未（1079）至宣和甲辰（1124），35 年间温州得进士 69 人，且中举者后来的社会影响也大大超越前辈，其中"元丰九先生"的出现，标志着此时的温州已经处于全国文化先进行列。

元丰九先生将当时的主流学术之一伊洛之学带入温州，与温州本地固有的春秋学"小传统"相补。到高宗后期，伊洛之学在温州的传人是郑伯熊兄弟，最终融入朱氏学中；温州春秋学被薛季宣继承和发扬，终成经制之学，后经陈傅良、叶适的完善和发扬，最终发展为与朱子理学、陆九渊心学鼎足而三的永嘉功利之学。至此，温州地域文化走向成熟，不但举人、进士人数众多，而且还出现了自成一家的永嘉学派、引领全国科举文化的永嘉文派、引领全国诗歌创作转向的四灵诗派。

宋代温州地域文学的兴起与繁荣，与地域文化的发展与繁荣基本同步。北宋中后期，在外来作家的号召带动下，温州地域文学创作曾出现一个小高潮。神宗元丰初，一代名臣赵抃致仕，其子赵岏时为温州郡丞，筑戏彩堂以迎养，时郡守石牧之、县令朱著、当地名宿林石等皆好文之士，赵抃来后诸人互相唱和，实开创作风气。石牧之的继任者李钧亦能赓续风雅，他们一起游山赏景，所至皆有吟咏，后结成《永嘉唱和集》。这种诗歌唱和活动前后持续了三四年，带动了当地的诗歌创作热情。以上唱和诗还有几首保留在弘治《温州府志》卷二十二"词翰四"里。

北宋末元丰九先生的创作代表着温州本土作家的崛起。他们中有四人的文集流传至今：周行己《浮沚集》八卷，刘安节《刘左史集》四卷，刘安上《给事集》五卷，许景衡《横塘集》二十卷。据弘治《温州府志》记载，当时师友文集还有：仰忻《永嘉百题诗集》，林石《三游集》《塘奥集》，鲍若雨《敬亭文集》，戴述《归去来集》，戴述、戴迅《二戴集》，萧振《萧德起文集》等。又据《横塘集》卷三《赵表侄出先德彦章诗卷》可知，赵霄也有诗集留世。文献的存留很不容易，太多的偶然因素在起作用，现存作品也只是当时极小的一部分，如刘安上本有诗五百篇，制诰杂文三十卷，今传《给事集》才区区五卷。北宋末的温州作家在文学上努力向苏、黄靠拢，如周行己、刘安上、许景衡等人对苏轼及其追随者皆敬慕友好，递相倡和。《浮沚集》中有《寄鲁直学士》诗，称："当今文伯眉阳苏，新词的烁垂明珠。"于苏轼极为倾倒，绝不立洛蜀门户之见。诸人创作皆吐言清拔，不露伉厉之气，如四库馆臣评刘安上《给事集》中的诗歌"格意在中晚唐间，颇见风致"。后来四灵宗晚唐，其源头之一也许是在这里吧。

南宋温州"乾淳诸老"一代诗人的出现是温州地域文学成熟的标志。"乾淳诸老"指南宋乾淳时期在温州已有文名的那批当地作家。他们居乡时已设有诗社，切磋诗艺；外出为官者则多与中兴诗人唱和交游，并与家乡诗社保持频繁的诗歌邮传联系，将主流诗坛的最新诗学思想带入温州，为四灵诗派的崛起打下坚实的基础。目前姓名可考者有潘柽、周学古、许及之、陈傅良、翁忱、木待问、鲍灿、王楠、冯一德、刘孝若等27人之多。

继乾淳诸老一代而起者，就是以四灵诗人为代表的光宗、宁宗朝诗人。除四灵之外，目前可考者有蒋叔舆、张功甫、曹豳、薛师石、卢祖皋、薛师董、刘明远、刘咏道、戴栩、潘亥、张直翁、刘植、陈昉、徐太古、陈居端、胡象德、高竹友、赵汝迕、赵汝回、赵崇滋、赵希迈等23人以上。

两代诗人自光宗朝（1190—1194）起形成合唱，温州诗人创作总体上进入历史高潮时期。绍熙三年（1192），赵师秀入郑侨幕出仕，温州诗人在会昌湖边送行，翁卷、薛师石及侨居诗人葛绍体均有诗。绍熙五年（1194）七月，光宗禅位于宁宗，韩侂胄取代赵汝愚掌权，主张北伐，温州官僚多参与其中。北伐失败，温州在京官员多落职回乡。叶适于会昌湖畔筑别业，赵师秀、蒋叔舆、徐玑等晚一辈诗人团结在其周围，诸人醉心于诗歌创作，举行诗会。叶适创作上主张"片辞半简必独出肺腑，不规仿众作"，其诗也是"用工苦而造境生"，是四灵创作的直接引路人。叶适还对四灵的创作理念进行了高度总结和大力推广。鲍灿于会昌湖畔筑"混碧楼"，邀当地诗人唱和其中，今存之诗有徐照《题鲍使君林园》《会饮鲍使君池台》、徐玑《中秋集鲍楼作》、翁卷《鲍使君闲居》，众人将他比作田园诗人陶渊明。鲍潚是温州诗社的活跃人物，与诸人唱和甚频，惜无作品传世。叶适称其尤喜文事，结交文友，"一吟一咏，有陶、谢之思；一觞一曲，有嵇、阮之放"。陈谦罢职后退居永嘉故里，亦于会昌湖畔建水云庄、与造物游楼。当地诗人（特别是四灵）常聚集于水云庄或与造物游楼唱和作诗，今存诗有徐照《题陈待制湖楼》《陈待制五月十四日生朝》、赵师秀《陈待制湖楼》《和陈水云湖庄韵》、徐玑《题陈待制湖庄》、翁卷《和陈待制秋日湖楼宴集篇》。以上数诗，多有同韵唱和，彼时诗艺切磋之热烈可想而知。众诗人感觉堪比当年会稽"兰亭集会"。

永嘉四灵形成的原因

温州地域文化性格中有一种强烈的"抱团"意识，在北宋末年的元丰九先生身上已现雏形，之后的永嘉经制之学，同样可看到温州学术界"抱团"的现象。再以文学创作来讲，温州诗人们很早就形成了地域性的唱和诗社。据许景衡《乡会诗钱晋臣和韵谢之》诗可知，在北宋末，温州已流行乡会作诗的诗歌社团。南宋王十朋《梅溪集》记载此时温州已有组织稳定的诗社。有一个叫王德修的人外出为官，有十四人于松风轩分韵作诗送行，陈傅良给本次聚会诗卷作序说："吾乡风俗，敬客而敦师友。每一重客至，某人主之，邻里乡党知客者必至，不知客知某人者亦至。往往具箸豆，登览山水为乐，间相和唱，为诗致殷勤，或切磋言之。于其别，又以诗各道所由离合欢恻之意，冀无相忘。盖其俗然久矣。"（《分韵送王德修诗序》）均可见强烈的群体意识。在两宋诗人学唐诗的大传统下，北宋末许及之及南宋潘柽等人对唐诗的抒情传统产生了喜好。这种喜好，在温州诗人的群体意识的支配下，又变成了当地诗人的共同文学趣味。四灵特承其后而发扬光大之，又得到以叶适为首的温州名士的大力提携和揄扬，四灵诗派于是被推到世人面前。四灵诗派的形成与当地的文人社团有极大的关系。此为四灵诗派产生的背景之一。

四灵诗派产生的背景之二：宋人一直有学唐体诗的风气。这里的"唐体诗"，是指李杜诗、韩孟诗以外的唐诗。北宋初杨亿西昆体学李商隐，九僧学白乐天；中期欧阳修、苏轼学李白，王安石学盛唐绝句；后期秦观、张耒、周邦彦等学中晚唐诗。南宋时，以中兴四大诗人为首的诗人们，学晚唐诗蔚然成风，追求诗的"风味"（抒情性）。在南宋词创作领域，也出现了"去俗趋雅"的审美转变，如南宋初鲖阳居士编选的《复雅歌词》收词达四千多首，其他如《乐府雅词》《紫微雅词》《典雅词》等，纷纷在此时出现。一种精致的、抒情的、典雅的文学趣味成为当时文学审美的主流。

四灵诗人延续了上述诗学晚唐、词复风雅的创作潮流，选择以姚合、贾岛为学习对象。中唐诗人姚合身为低级官吏，擅长五律，诗歌以幽折清峭见长，善于摹写自然景物及萧条官况，其《极玄集》所选诗歌的审美特征，代表着唐代大历诗人在盛唐繁华烟消云散和大唐中兴梦想破灭之后的一种普遍心态。四灵亦身处中兴梦想破灭的边缘，亦有相近似的社会心理。

永嘉自古便是山水胜地，钟灵毓秀，风景优美，有秀丽的楠溪江，还有奇壮深幽的雁荡山，城区附近有华盖山等九座小山，为诗人们的创作提供了客观条件。四灵等人在诗中或寄情于山水，抒发禅意道情，或描写闲逸清苦的居家生活，或者记录行走江湖的仆仆风尘。艺术上刻意苦吟求工，忌用典，尚白描，轻古体而重近体，尤重五律，抛弃江西派诗人好为古体、以学问为诗的粗嚣习气。

正如钱志熙教授已指出的那样，永嘉四灵与江西诗派之间并非简单的右：

诗 佛天鞍兩先生阅

荷亭
南溪　三子同校
松崗

宋四靈诗鈔

江都書房

下谷御成道
英文藏梓行

左：

四靈詩鈔序

永嘉四靈以元和作者自
期治擇淬鍊字響音玉難
必賈姚中人不能辨也嚴
滄浪評以為聲聞辟支

▲ 和刻本《四灵诗钞》。

否定关系，而是一种沿承嬗变的关系。当江西诗派成为诗歌创作的主流以后，同时代的作家注定无法摆脱它的笼罩，写诗的时候多多少少都会受到它的影响。永嘉四灵对杜甫的推崇、对"吟咏性情"诗学观念的继承、对"点铁成金"和"夺胎换骨"诗学理论的演化，都是永嘉四灵对江西诗派的暗中接受，如翁卷《野望》诗：

> 一天秋色冷晴湾，无数峰峦远近间。
> 闲上山来看野水，忽于水底见青山。

这种青山野水互相映照、互为主客体的机趣与禅味，颇得江西诗派之神韵。扩大言之，四灵诗之"清苦"也在很大程度上体现了宋诗平淡化、议论化、内向化的特点。

但是四灵毕竟是想要突破江西藩篱的诗人。四灵之所以选姚、贾诗歌作为学习对象，是因为想用或寒涩苦僻、或野逸清瘦、或妥帖精致的诗学审美趣味矫正江西诗派末流的刻削枯涩之弊，正如诚斋杨万里以晚唐体的清雅诗风和自创的诚斋体改造江西诗风一样。当然，四灵的苦吟，不同于贾岛的苦吟，前者苦吟是为了在诗中求声律之精和意境之清，后者更多地将苦吟当作一种精神磨砺的生活方式。四灵与姚合的意境更近一些，清朝四库馆臣纪昀早就说过，四灵以宗姚合为诗歌切入口。

四灵诗派产生的背景之三：浙东地域文化对四灵诗人的激荡。宋代浙东地域文化对四灵诗歌的影响，可列出若干方面。

（一）浙东流行的、由天童正觉禅师提倡的默照禅的影响。默照禅主张默然静坐、观照内心、看心看净，强调枯寒身心、洗磨田地等等，对永嘉诗人们特别是四灵的审美心理有一定的规约作用。换言之，默照禅的"妙、灵、神、照"等宗旨直接影响四灵诗学精神的形成。四灵的诗作注重清雅孤幽的主观情感体验,"独、寒、苦、孤、冷、病"是四灵诗歌中最常用的字,如徐玑《赠徐照》:

近参圆觉境如何,月冷高空影在波。
身健却缘餐饭少,诗清都为饮茶多。
城居亦似山中静,夜梦俱无世虑魔。
昨日曾知到门外,因随鹤步踏青莎。

徐玑《喜奭上人至》:

住与佛居近,僧闲稍问诗。
湖山明月夜,风露菊花时。
达意言常省,微吟步自迟。
老来朋旧少,爱尔得相随。

参禅悟道、与禅僧交往是四灵们生活一部分,禅意对他们诗歌潜移默化的影响自在情理之中,四灵诗中多自然景物,因为它们最能引发禅悦之心。清新、清苦既是禅意生活,也是诗意生活。

(二)谢灵运山水诗传统的影响。谢灵运显然不是合格的官员,但的确是优秀的文学家。温州风景佳处极多,远如雁荡山,近则松台山、会昌湖、郭公山、华盖山、孤屿等,都是康乐公"谢屐"踏到之处,且得吟咏于笔端。温州的自然山水或人文景观,从此有了永恒的"谢公"印记:忆谢亭、侣鸥亭、西射堂、读书堂、梦草堂、北亭、谢池、媚川、孤屿、江心亭、谢公楼、谢公岭、谢公岩、石门洞……与他有关的地方名胜古迹在在皆是。谢灵运发现的永嘉山水，以及由此而产生的山水文学，都是温州人引以为豪的文化资源，许景衡曾说，晋宋风流主要出于温州。温州诗人作诗头脑中不时闪现"谢公"的影子，如：

> 争不游山忆谢公，亭成孤屿恰当中。（许及之《登忆谢亭并呈质弟》）
> 谢客纾目力，郭公参地形。（许及之《次韵薛子明由罗浮登富览》）
> 昔年谢康乐，筑居待其终。（叶适《宿石门》）
> 州民多到此，犹自忆舞公。（徐玑《初夏游谢公岩》）
> 修行谢康乐，庵有故基存。（徐玑《题石门洞》）
> 却疑成片石，曾坐谢公身。（徐照《题江心寺》）
> ……

谢灵运的影响对温州诗人来说，绝非"焦虑"，而是自豪、敬仰、模范。

（三）永嘉学派哲学思想的影响。叶适主张物之所在即道之所在，理即物之理，不存在脱离于物的理。与之相对，北宋黄庭坚等人认为：道可以独立于物外，故心性之理、心性之道可以独立于世界而存在。故江西诗派在诗中处处以人格修养、精神磨砺、文化追求为吟咏对象。而叶适则认为：离开了具体的存在之物而论道、论心性是虚妄的。这启迪了四灵诗人"目击道存"式的认知心理。他们在诗中多写琐细的日常生活，描写山水小景，描写断壁残垣，感物起兴，寓情于物。赵师秀《薛氏瓜庐》诗中，以温州塘河、野水、春山等元素构成田园风光，以种瓜、读书、作诗等动作勾勒日常生活场景，永嘉学派的务实精神、物理相依的哲学观念，洋溢其中。

同时，我们还要看到，四灵诗人们为什么要采用"苦吟"这一种创作方式。其实这是他们对诗歌"法则"的追寻，与永嘉学派重视"经制法度"的精神是一致的。《水心集》卷二十八《祭翁常之》："方五字之得隽，甚百胜而霸王。每孤吟而永日，何计外之得丧。"叶适非常赞赏翁常之这种苦吟精神，为艺术而艺术，不计较世俗功过得失。四灵"苦吟求真"的诗风，既是受到偶像姚合、贾岛的影响，更是直接受到家乡前辈作诗风范的影响。顺便一提，此前永嘉文体也是讲求法度的，后世的诗文点批这种"形式批评"方式，甚至可以将其起源追溯到永嘉文体。

四灵诗人回归唐诗的抒情传统

诗歌本质是抒情的语言艺术。唐诗的抒情传统虽然在宋词中得到极好的继承，但是它对宋诗却是一种"影响的焦虑"，这种"焦虑"促使了宋诗自家面目的形成，更促使了江西诗派的形成。历史总是在螺旋中前进，到南宋初，诗歌的抒情味道越来越薄，文字游戏的味道越来越浓，正如当时人张戒《岁寒堂诗话》中批评的那样："（苏黄）使后生只知用事押韵之为诗，而不知咏物之工、言志之为本也，风雅自此扫地矣。鲁直又专以补缀奇字，学者未得所长，而先得其所短，诗人之意扫地矣。"而中兴诗人、四灵诗人努力在宋诗中回归唐诗的抒情传统。

这种回归的努力首先表现在回到"感物起兴"的诗歌传统。为此，四灵诗人不约而同地将目光投到了山川景物、岁时物候之上。如徐照《途中》诗：

只影微阳外，青山自郁盘。
未经千里远，欲寄一书难。

堠碣苔侵字，鱼塘水过栏。

　　西风吹树叶，不问客衣单。

　　本诗从夕阳与青山写起。夕阳西下引起回家的意绪，青山绵绵引起故乡遥远的意绪，苔侵刻石引起历史悠久的意绪，西风与客衣引起漂泊在外的意绪，皆是触物起兴的结果。全诗将人在旅途的淡淡愁思表现得非常到位。

　　在很多时候，四灵诗人将山川景物、岁时物候与当下的日常生活相结合，创造出一种宁静的田园生活画卷。他们所展现的生活境界，与江西诗派展现的士大夫精神和趣味，简直是天壤之别，如翁卷《乡村四月》诗：

　　绿遍山原白满川，子规声里雨如烟。

　　乡村四月闲人少，才了蚕桑又插田。

　　四灵诗人是日常生活及大自然的观赏者，内心纵有感动和满足，也绝不参与其中，始终不露声色。他们与这个世界优雅地保持着距离。四灵可以说是大自然中最安静的游客，他们总是眺望着生活与大自然。对比一下陆游《游山西村》那种置身其中的快乐，诗歌的风味是完全不一样的："莫笑农家腊酒浑，丰年留客足鸡豚。山重水复疑无路，柳暗花明又一村。箫鼓追随春社近，衣冠简朴古风存。从今若许闲乘月，拄杖无时夜叩门。"陆游的目光是近距离的，他甚至看到了邻家桌上的鸡肉和米酒；陆游的态度是热烈的，"莫笑""留客""箫鼓"等词，充满着乡村生活的热情与热闹；陆游的态度是亲近的，他与乡村生活融为一体，"拄杖无时夜叩门"写出了诗人内心的放松与安详。而四灵的内心是散淡的，态度是端庄的。

　　保持宁静生活的秘密在于懂得独居处静之乐，正如赵师秀《有约》诗中描绘的那样：

黄梅时节家家雨，青草池塘处处蛙。
有约不来过夜半，闲敲棋子落灯花。

由于宁静，诗人可以充分调动他们的视觉、听觉来细致入微地观察眼前的世界，如徐玑《山居》诗：

柳竹藏花坞，茅茨接草池。
开门惊燕子，汲水得鱼儿。
地僻春犹静，人闲日自迟。
山禽啼忽住，飞起又相随。

以上诸诗中，四灵赋予动植物以灵性，描写他们活泼的生命，因此他们的诗歌也具有了极浓厚的生趣。这个手法，是四灵从杨万里的诚斋体那里偷师过来的。还如赵师秀《数日》诗："数日秋风欺病夫，尽吹黄叶下庭芜。林疏放得遥山出，又被云遮一半无。"这明显有模仿杨万里《过松源晨炊漆公店》六首之五的痕迹："莫言下岭便无难，赚得行人错喜欢。正入万山围子里，一山放出一山拦。"

其次，这种回归唐诗传统的努力还表现在诗歌题材回归日常生活。四灵诗人刻意回避士大夫的家国情怀、道德性命等"大我"题材，而热心记录田园生活，抒发与朋友、隐者、僧道交情之"小我"世界。自唐代中晚期起，园林别业在士大夫之间开始流行，它们此时进入诗歌大约是作为享乐生活的背景而存在。似乎是从宋代开始，私家园林逐渐获得了"摆脱喧嚣""修持净土""壶中乾坤"之类的含义，如张镃在西湖边修的"桂隐堂"，标举清雅之趣，成为一时名流聚会作诗的文艺圣地，后张镃亦将此园林捐为禅寺。在徐玑笔下，薛景石的瓜庐就是一片隔离尘世喧嚣的净土，嘉疏异草滋润着诗人的道心日长。这当然是将日常生活诗性地升华的结果。同类诗还如徐照《同刘孝若野步》：

> 杖屦相随步野田，坐临阶户和诗篇。
> 要看隔水人家菊，试借系门渔父船。
> 且缓归情知有月，不生酒兴为无钱。
> 寒来莫问家中事，才得身闲即是仙。

写友情，君子之交淡如水，强调的是那份对清贫生活的坚守之情，对诗歌艺术的苦苦追求。这可能是他们在世上最后的倔强了。

在四灵诗的日常生活题材中，羁旅行役、风尘奔波依然占据了相当重要的分量。这与当时社会的严重"内卷"相关。

再次，四灵回归唐诗还表现在回归到以律体为主要诗歌体裁，抛弃江西诗派好用古体，且无限破体的诗歌创作行为。四灵诗中用古体极少，律诗之中又偏爱用五言律诗。四灵创作五言律诗表现出一种刻苦专注的创作精神、平俗工稳的艺术旨趣以及细微纤巧的风格之美。

至于四灵诗歌的艺术上的局限性，当时就有人看得比较清楚。"狭深"是他们的长处，也是他们的短处。徐照《山中寄翁卷》"柳花未散色全绿，杜宇乍啼声更蛮"语义重复，眼界低狭，不如王安石《杂咏绝句》"月明闻杜宇，南北总关心"这般昂首挺胸，气魄宏伟。徐照《哭居尘禅师》"茶从秋后尽，门绝月中敲"实模拟李白《渡荆门送别》"山随平野尽，江入大荒流"，格局高低，一望而知。另外，从一首诗歌的整体艺术上来说，除了少数被大家传诵的诗歌之外，四灵诗往往胜在中间一联或两联，很难做到全诗浑成。举翁卷《寄张直翁》诗为例：

若向筠州去，惟消一日宽。
又无他事阻，自欲访君难。
露下秋山洁，鸿飞楚水寒。
近诗凡几首，专传写来看。

本诗四联之中，首联、颈联、尾联皆言事，仅颔联两句写景，整体上来看，诗情淡薄无味；且本诗事与景没有内在的情感关联，不若"故人西辞黄鹤楼，烟花三月下扬州"之类，事与景有内在情感关联者也，此谓之"感兴"。诗无感兴则抒情生硬，乃至枯槁。

站在现代主义文学理念的角度，文学就是表达个人独特感受的语言艺术，所以四灵的文学成就不高，不完全因为他们反映现实的广度和深度不够，最重要的原因是他们挖掘内心的深度不够，象征意义不够丰富，比唐代李贺、李商隐差很远。此皆才力所限，非人工可致也。

永嘉四灵的影响力

四灵在当时影响已经很大。据赵师秀赠陈起诗"每留名士饮，屡索老夫吟"等语，知陈起刊《江湖》诸集时曾多次向赵约稿。陈、赵二人唱和之作今存。陈起印行唐人诗集或许受到赵师秀的影响。叶适所编《四灵诗选》五百篇最早就是由陈起刊刻的。

赵师秀曾"与天台戴石屏讲明句法"，眉州籍福建诗人任希夷作诗以"精苦"著称，为赵师秀好友。宋韦居安《梅磵诗话》曾记载："杜耒（号小山）尝问句法于赵紫芝，赵答云：但饱吃梅花数斗，胸次玲珑，自能作诗。"这是相当高级的境界了。张弋字彦发，诗歌清新闲雅，宛有唐人风致，当时颇著声名，他以赵师秀为良师和知音，曾有《寄赵紫芝》诗云："有云为我伴，终日诵君诗。"一副粉丝模样。薛沂叔（泳）从赵师秀游，得唐人姚贾法，晚归海宁，为人铺说，闻者心目鲜醒（舒岳祥《阆风集》卷十）。

四灵诗派对我们今天有什么启示呢?首先，四灵诗人们热爱大自然，崇尚简朴的日常生活，处处体现了平民化精神。在目前高度工业化、商业化的社会里，人们精神上普遍有因竞争而带来的焦虑感、因过度物质消费而带来的空虚感，四灵诗人的精神追求可以给我们很多启示。其次，四灵诗歌追求平淡、简约、清雅的审美旨趣，也不是我们常说的"两宋雅韵"，这是我们民族的宝贵精神财富，直到今天仍可以滋养我们的心灵。有了它，我们在一定程度上可以抵制西方快餐文化、娱乐至死等腐朽文化的侵蚀。最后，四灵诗人勇敢地挑战主流诗歌创作中的不良倾向，以唐诗的抒情传统拯救和改造当时诗坛的粗嚣之习，钟情律诗，苦吟诗律，追求艺术形式的独立价值，体现了强烈的文化自信和大无畏的创新勇气。这些都是四灵诗派留给今人的精神遗产。

第八章

百戏之祖　艺苑新声

陈瑞赞

温州是"南戏故里"，也是中国戏曲的发祥地之一。近代著名学者冒广生认为温州历史上有两件文化创造最引人注目，一为"南宋永嘉学术"（即永嘉学派），一为"戏学"（即南戏），他称之为"二霸"（《疚斋小品·戏言》）。冒氏这一概括极具眼光。永嘉学派属于儒家士大夫的精英文化，南戏则是产生于瓦肆勾栏的民间文化。温州有此"二霸"，说明在精英文化和民间文化两方面都有伟大的创造和杰出的贡献，温州的文化也具有"雅俗共赏"的品质。温州产生过《张协状元》《白兔记》《琵琶记》等具有里程碑意义的南戏经典，也产生过高则诚这样伟大的剧作家。温州处处留有南戏的痕迹，南戏也是温州最醒目的文化标志。

▶ 清代石雕《张协状元》。

南戏，本名"戏文"。"戏"是戏弄、表演，"文"是话文、文本，引申为故事。"戏文"的本义就是表演故事。南戏是中国最早成熟的戏曲形式。戏曲就是以歌舞等为主要形式表演故事的舞台艺术。中国戏曲有南戏和北杂剧两大体系。在北杂剧还没流传到南方时，戏文就是指南戏。"南戏"之名，至元朝才出现。元朝统一中国后，实行民族歧视政策，将全国百姓分为蒙古人、色目人、汉人和南人四等。因为南方是元朝最后征服的地区，所以最受歧视。将产生于南方的戏文称为"南戏"，一方面可能与"南人"的称呼一样，带有歧视的意味，另一方面也是为了与产生于北方金元地区的北杂剧相区别。

南戏的艺术特征

南戏诞生于温州，且与宋杂剧颇有渊源，故又被称为"温州杂剧"或"永嘉杂剧"。温州是宋代对外贸易的主要口岸，工商业繁荣，造船、蠲纸、铜器、漆器、丝织、青瓷等手工业名闻全国，商品行销海内外。"一片繁华海上头，从来唤作小杭州。"——在北宋知州杨蟠的诗句中，温州俨然是可与杭州相媲美的城市。等到南宋建都临安（今杭州）后，温州成了"次辅郡"，上至宗室勋戚，下至诸色艺人，大量北方人口迁居温州，促进了温州经济的繁荣，为包括戏曲演出在内的城市娱乐业的发展提供了市场消费基础；同时，乐工艺人的流入、书会才人的成长造就了戏曲的编创和演员队伍，以工商业者为主体的市民阶层形成了戏曲的观众群体。这些都是南戏在温州诞生的必要条件。

根据明代学者祝允明的记载，南戏产生于南北宋之交，即"宣和之后，南渡之际"（《猥谈》）。应该说，这一看法还是比较符合温州社会文化发展

▲ 2023 年，春节戏曲晚会开办 33 年来首次走
　出演播厅，移步"南戏故里"温州进行录制，
　温州元素惊艳荧屏内外。

的历史事实的。另一位学者徐渭则认为，南戏"始于宋光宗朝"(《南词叙录》)。但有证据表明，宋光宗时，南戏已经传到临安，并遭官方禁演。如将两种意见加以综合，可以勾勒出一个基本轮廓：南戏滥觞于北宋末年至南宋初年，至南宋光宗时发展成熟，并向外地传播。

南戏是以宋杂剧为基础发展而来的，在表演艺术、脚色体制、剧目情节等方面，对宋杂剧都有所吸收、改造和发展，表演艺术与叙事文学的结合更为紧密，戏剧情节更为复杂曲折，脚色分工更为完备，音乐元素更为丰富。

南戏通过脚色扮演故事，即按生、旦、净、末、丑、贴、外等不同的脚色扮演剧中人物，脚色之间既有明确分工，又相互配合，共同敷演完整的故事情节。生、旦是南戏最重要的脚色。南戏所敷演的多是青年男女的爱情婚姻故事，生、旦分别扮演男女主角，皆以唱为主。南戏的末由宋杂剧的引戏色演变而来，首要职责是在开场时介绍剧情、引出正戏，此外也参与扮演剧中人物，所扮演的多为年长男性或在剧情发展中临时出现的次要男性。净，可扮男性人物，也可扮女性人物，常与副末配合，以说、做为主，多插科打诨。丑，始见于南戏，是南戏对戏曲脚色体制的重要贡献。丑所扮人物与净、末相同，常与净、末配合，插科打诨。外，在早期南戏中兼扮老年男女或其他次要角色。后来从外中分化出老旦，扮演老年女性，外则专扮老年男性。贴，又作"小旦"，扮演在剧中居于次要位置的年轻女子。

南戏演员在舞台上具体运用的艺术表现手段有唱、念、科介等。南戏的唱，不分脚色行当，只要场上有需要，各种脚色行当的人物均可唱。一场戏允许多人唱，有独唱、对唱、轮唱、合唱等不同形式。南戏在音乐上采用联曲体结构，即将若干支曲调连缀成套来进行演唱。关于南戏曲调的来源和特色，徐渭概括为"宋人词而益以里巷歌谣，不叶宫调"，又说"即村坊小曲而为之，本无宫调，亦罕节奏"（《南词叙录》）。这里的"宋人词"不是指宋代文人创作的律词，而是指在民间流行的曲子词。至于"里巷歌谣""村坊小曲"，则是指民间歌谣。《张协状元》所用的曲调【东瓯令】【福清歌】【台州歌】【吴小四】【赵皮鞋】等，从曲牌名称来推测，可能都是流传于温州、台州及福建一带的民间歌谣。南戏曲词字韵受南方土音影响，器乐伴奏以管乐为主，以鼓、板为节。

南戏的舞台动作表演称为"科介"。凡需演员表演某一动作或表现某种舞台效果时，便在剧本上注明"某某科""某某介"或"某某科介"。这些动作或效果都具有程式性和规范性，演员看到提示，就会按照固定的程式和规范进行与剧情相应的表演。

南戏的剧本创作

完整剧本的出现，是南戏发展成熟的重要标志。在叶子奇《草木子》、祝允明《猥谈》和徐渭《南词叙录》等书中，都提到了《赵贞女蔡二郎》《王魁》等剧目。《草木子》说："俳优戏文始于《王魁》，永嘉人作之。"如果"作之"是指剧本创作，那么《王魁》就是最早的南戏剧目了。不过，《王魁》剧本并没有流传下来。至于现存最早的南戏剧本，一般认为是收录在《永乐大典》中的《张协状元》，创作时间约在南宋后期。作为早期南戏，《张协状元》较多地保留了宋杂剧和民间表演技艺的特点，语言俚俗无文，有的曲文与民间歌谣无异。

早期南戏剧本的创作主力，是"书会才人"等城市下层文人。"书会"是宋元时期说话人、戏曲作者与艺人的行会组织，参加"书会"的作者被称为"才人"。《张协状元》为温州九山书会才人所作，《宦门子弟错立身》和《小孙屠》为古杭书会才人所作，《荆钗记》题为"吴门学究敬先书会柯丹邱著"，成化本《白兔记》在"副末开场"中也交代该剧为"永嘉书会"所作。书会才人除了编写剧本外，也参加演出，如《张协状元》开场【满庭芳】词云："《状元张叶传》，前回曾演，汝辈搬成。这番书会，要夺魁名。"第二出【烛影摇红】词也写道："九山书会，近目翻腾，别是风味。"所谓"曾演""搬成""翻腾"，显然都是指扮演戏曲。而且从这两首词的描写中可以看到，当时温州城内有多个书会，不同书会之间存在竞争关系。市场竞争的驱动下，"书会才人"不断地对剧目进行改编，并在演出技艺上精益求精，力求出人头地。

南戏剧作者多为"书会才人"之类的城市下层文人，观众则以商人、手工业者等市民群体为主。南戏作家以编剧营利谋生，有意迎合下层市民观众的兴趣，反映他们的愿望，根据他们的兴趣来选择题材，设置情节，

▲永嘉荆州太阴宫壁画。

这就导致南戏剧作的内容具有浓厚的市民性，以生活戏、情感戏、伦理戏为主要类型。

南戏喜欢表现平民发迹变泰的故事。宋代沿袭唐代的科举制度，并且扩大了录取名额，彻底取消了门第限制，使"朝为田舍郎，暮登天子堂""十年窗下无人闻，一举成名天下知"在某种程度上成为生活的现实。作为这种现实的反映，南戏经常描写穷书生寒窗苦读、发迹变泰的故事。剧中往往有一个富家小姐，与书生订有婚约，或在后花园私订终身，在书生赴京赶考后，发生一系列变故，但最终则以书生高中状元，与女主角大团圆作为结局。如《荆钗记》的王十朋与钱玉莲，《破窑记》的吕蒙正与刘彩屏等，都是如此。

南戏在流传过程中，产生了一大批剧目，但流传下来的南戏剧本并不多。据统计，目前能够知道的南戏剧目共238种，但有全本留存的剧目仅《张协状元》《错立身》《小孙屠》《荆钗记》《白兔记》《拜月亭》《杀狗记》《金钗记》《赵氏孤儿》《破窑记》《牧羊记》《东窗记》《黄孝子寻亲记》《苏秦衣锦还乡记》《冯京三元记》《琵琶记》等16种，有残文佚曲流传的剧目有190种。

南戏的剧本体制有一个发展的过程，从提纲戏到舞台记录本，再到文人整理本，逐步得以完善。成熟的南戏剧本，一般包括题目、出、开场、下场诗、科介等几个部分。

题目在第一出之前，一般为一首四句七言诗，用来概述和介绍剧情大意，通常还隐含着剧目名字，如《宦门子弟错立身》题目云"冲州撞府妆旦色，走南投北俏郎君，戾家行院学踏爨，宦门子弟错立身"，第四句就是剧目名字。但也有例外的，如《张协状元》题目云"张秀才应举往长安，王贫女古庙受饥寒，呆小二村沙调风月，莽强人大闹五鸡山"，虽然是四句七言诗，但并没有隐含剧目名字；又如《小孙屠》题目云"李琼梅设计丽春园，孙必达相会成夫妇，朱邦杰识法明犯法，遭盆吊没兴小孙屠"，第四句最后三个字是剧目名字，但却不是四句七言诗。题目与正戏演出无关，只是写在"招子"上作为广告用。

南戏剧本以"出"为场次单位，一出就是一场戏。南戏的故事通常较长，一本戏长的可达五十多出，短的也有十多出。如《永乐大典戏文三种》中，《张协状元》最长，有五十三出；《宦门子弟错立身》最短，有十四出；《小孙屠》介于二者之间，有二十一出。

南戏第一出为"副末开场"，即在正戏开演之前，先由副末上场报告演唱及编写该戏的宗旨、介绍剧情大意，并同后台即将出场的脚色相互问答，以引出正戏。一般念诵两首词，第一首介绍剧作家的创作意图，第二首介绍剧情大意。但也有例外，如《张协状元》的开场，副末在念诵两首词后，又用诸宫调说唱《张叶状元传》，当唱到张叶离家赴京，行至五鸡山，被强盗拦劫时停住，说道："那时张协性命如何，慈鸦共喜鹊同枝，吉凶事全然未保，似恁唱说诸宫调，何如把此话文敷演。"然后才引出正戏。这可能是因为《张协状元》属于早期南戏，刚从宋杂剧脱胎而出，还保留着宋杂剧"艳段"的结构。诸宫调《张叶状元》与戏文《张协状元》的关系，就如同宋杂剧的艳段与正文。

南戏除第一出副末开场外，其余每出结尾一般都有四句七言诗，称为"下场诗"。下场诗由脚色下场时所念，可由一个脚色独念，也可由几个脚色分念或合念，如《张协状元》第二出的下场诗："（外）孩儿要去莫蹉跎，（生）梦若奇哉喜更多。（外）遇饮酒时须饮酒，（合）得高歌处且高歌。"就是由外和生在轮流念完前三句后，合念第四句。

高则诚与《琵琶记》

　　元代以后，南戏的发展较为复杂。一方面，南戏一直在民间流行。周密《癸辛杂识》记载了一则故事。元世祖至元年间，温州江心寺的和尚祖杰强占人妻，将乐清俞氏一家满门灭口。案情暴露后，祖杰贿赂官员，企图逃脱惩罚。旁观者不平，"乃撰为戏文以广其事"，对祖杰的罪行进行揭发，以舆论的压力迫使温州当局捕杀祖杰。《祖杰戏文》根据现实生活现编现演，充分说明了南戏在元初温州社会的活跃程度。另一方面，比起北杂剧"作者猬兴"的繁荣局面，南戏长期以来都缺少士大夫文人参与创作，显得较为衰微。直到元末，随着高则诚《琵琶记》的问世，南戏缺乏文人经

▲《琵琶记》插图。

典的状况才得到改变。

高则诚，名明，以字行，自号菜根道人，人称东嘉先生，温州瑞安（一说平阳）人。元顺帝至正五年（1345）进士。先后担任处州路录事、江浙行省掾、浙东元帅府都事、江南行台掾等低级僚吏。高明的最后一个官职是福建行省都事，但在赴任途经庆元路（今浙江宁波）时，被割据浙东的方国珍留置幕下。高明不愿意为方国珍效力，于是避居鄞县栎社（在今宁波市鄞州区），以词曲自娱。《琵琶记》据说就是高则诚在避居栎社时创作完成的。

《琵琶记》写蔡伯喈迫于父命，辞别新婚妻子赵五娘，赴京应试。状元及第后，牛丞相倚仗权势，逼他入赘为婿。在蔡伯喈羁留京城期间，家乡陈留连年饥荒。赵五娘支撑门户，伺候公婆，吃糠咽菜，备尝苦楚。公婆相继去世，赵五娘身背琵琶，一路卖唱，上京寻夫。在贤惠的牛小姐的帮助下，赵五娘终于与蔡伯喈团聚。故事最后以蔡伯喈与赵五娘、牛小姐一夫二妻，回乡拜墓，皇帝闻奏，下旨旌表结束。

《琵琶记》是对宋代南戏《赵贞女蔡二郎》的改写，可能还吸收了《张协状元》的成果。冯其庸就曾指出："《琵琶记》的思想情节和描写手法，与《张协状元》有很多相类似之处。"从《赵贞女蔡二郎》到《张协状元》，再到《琵琶记》，情节发展一脉相承，但思想主题却发生了颠覆性的变化。《赵贞女蔡二郎》中的蔡伯喈，是一个不孝不义的负面人物，"弃亲背妇，为暴雷震死"，以悲剧结局。但《琵琶记》却通过"三不从"（辞试不从，辞婚不从，辞官不从）的情节塑造了一个善良而无辜的"孝子贞夫"的形象，蔡伯喈的善良本质和出污泥而不染的品格，使他成了封建道德的化身和社会风化的维护者。高则诚在《琵琶记》开场就交代了对戏曲创作的看法："不关风化体，纵好也徒然。"他希望通过自己所塑造的舞台艺术形象，达到良好的社会教化作用。

《琵琶记》把蔡伯喈的个人悲剧转化为封建社会的内在缺陷，把爱憎分明的民间道德转化为充满矛盾冲突的意识形态，大大深化了戏曲的主题。同时，《琵琶记》在艺术上也达到了全新的高度。全剧布局紧凑，以双线结构展开，悲喜、贫富、贵贱，相互映衬，把两个社会、两种生活展现在同一个舞台上，既强化了戏剧冲突，又加重了悲剧气氛。曲文本色自然，真切感人。长套细曲的增加，预示了其后明清传奇的发展方向。基于深刻的思想价值与杰出的艺术成就，《琵琶记》在问世之后，成为版本最多、搬演最频、流传最广的古典戏曲作品。历代戏曲家对《琵琶记》给予了崇高的评价。徐渭极力称赞《琵琶记》在南戏发展史上的功绩："用清丽之词，一洗作者之陋。于是村坊小伎，进与古法部相参，卓乎不可及已。"（《南词叙录》）王世贞认为《琵琶记》的艺术成就"冠绝诸剧"（《艺苑卮言》）。王骥德认为"古戏必以《西厢》《琵琶》称首"（《曲律》）。

《琵琶记》是民间南戏和文人南戏的一道分水岭。在《琵琶记》之后，明代前期又出现了丘濬的《五伦全备记》、邵灿的《香囊记》等文人南戏作品，虽然在成就上都不能和《琵琶记》相提并论，但个人创作的特点更为鲜明，集体创作的痕迹则大为减退。早期民间艺人所作的南戏剧作如《荆钗记》《白兔记》《拜月亭》《杀狗记》《金印记》《千金记》《古城记》《草庐记》等，也都在明代文人的笔下得到改编、润色和评点。南戏文人化最重要的结果，是促成了明清传奇的产生。明清传奇自南戏一脉而来，在艺术体制上与南戏并不存在根本性的区别，因此有学者认为，明清传奇就是南戏发展的新阶段，"好似一个人的青年与壮年"（孙崇涛《南戏论丛》）。

南戏的声腔传衍

南戏在温州产生、发展并成熟，从南宋中后期开始，沿着不同的方向逐渐扩散，向北流传到了杭州，向西流传到了江西，向南流传到了福建的泉州、漳州、莆田等地。南戏的传播扩散，最重要的影响就是衍化出了不同的声腔：杭州附近产生了海盐腔、余姚腔，最后又衍生出昆山腔，江西发展出弋阳腔——这就是著名的"南戏四大声腔"。至于福建，则是南戏遗存最集中的地区，在梨园戏、莆仙戏等古老的地方剧种中，至今还保留着许多南戏的剧目和表演特征。也有人将明代流行于福建南部泉州、漳州和广东东部潮州、惠州一带用当地方言（即闽南方言）演唱的戏曲声腔称为"潮泉腔"，并认为"潮泉腔"是南戏"第五大声腔"。但不论是"四大声腔"还是"五大声腔"，追根溯源，都从南戏原腔"温州腔"衍化而来。

南戏最初在温州产生时，用温州的方言腔演唱，这就是"温州腔"。叶德均在《戏曲小说丛考》里曾对"温州腔"作过论述："宋代产生的南戏最初只是流行于温州的地方戏，它最初是用温州地方的腔调来演唱的，到了明代成化间温州的永嘉还有'习为优者'，至少那时温州腔还在当地流行。……到了嘉靖间各种腔调盛行以后，温州腔就湮没无闻，连温州当地也唱海盐腔了。"他认为"温州腔"至明代成化前后还在流行，有文献可提供证据。程敏政是成化二年（1466）的进士，他有一首《饮张挥使家观戏》诗，其中写道："锦棚曲奏温州调，银瓮香传采石春。"所谓的"温州调"，当然可以理解为"温州腔"。程敏政是安徽歙县人，生前并未来过温州，可见"温州腔"并不仅限于在温州当地流行，这一点与叶德均的推测有所不同。祝允明生活的年代比程敏政稍晚，他在《重刻中原音韵序》里说:"不幸又有南宋温州戏文之调,殆禽噪耳,其调果在何处?"虽然祝允明由于不懂温州方言,把温州腔贬低为如同"禽噪",但他的描述应来自亲耳所闻,无疑证实了"温州腔"当时还活跃在舞台上。

南方一地有一地的方言,朱权《琼林雅音序》就说北方"无乡谈",而在南戏流传的"吴越、闽广、荆湖、溪洞之地,皆有乡谈,谓之彝语,谓之鴂舌,非译不通"。当南戏从温州流传到外地后,为适应当地观众的语言习惯,往往结合当地的方言土语来演唱,因此便形成了不同风格的唱腔。魏良辅在《南词引正》里说:"腔有数样,纷纭不类。各方风气所限,有昆山、海盐、余姚、杭州、弋阳。"他所说的"各方风气",究其实质,主要就是指各地的方言语音和音乐。

海盐腔是南戏流传到浙江海盐一带后与当地方言土语、民间歌谣相结合而产生的一种唱腔。李日华《紫桃轩杂缀》卷三载:"张镃,字功甫,循王之孙。豪侈而有清尚,尝来吾郡海盐,作园亭自恣。令歌儿衍曲,务为新声,所谓'海盐腔'也。"张镃是循王张俊的孙子,生于宋高宗绍兴二十三年(1153),他寓居海盐当在三四十岁时,约宋孝宗淳熙至光宗绍熙年间,可见海盐腔在光宗朝前后就已经产生了。海盐腔具有清柔宛转的艺术风格,迎合了士大夫的闲情逸致。所以,在昆山腔未经魏良辅改良之前,海盐腔是士大夫所崇尚的"雅调"。杨慎《丹铅总录》载:"近日多尚海盐南曲,士大夫禀心房之精,从婉娈之习者,风靡如一。甚者北土亦侈而耽之,更数十年,北曲亦失传矣。"张牧《笠泽随笔》也说:"万历以前,士大夫宴集,多用海盐戏文娱宾客。……若用弋阳、余姚,则为不敬。"

余姚腔是南戏流传到浙江余姚一带后与当地土音土调结合而产生的一种唱腔,产生时间也在南宋。余姚腔最大的特色是滚唱。所谓滚唱,就是在曲文中插入一些五言、七言诗句,用流水板急唱。插入的滚唱文词通俗,从内容上来看，则是对原来的曲文的解释和引申，使观众明白易晓。余姚腔的这一特色符合下层观众的欣赏能力与艺术情趣，受到他们的欢迎，然而在士大夫眼里，这种用流水板急唱的形式和通俗易懂的文词是难登大雅之堂的。

弋阳腔产生于江西弋阳，在南戏诸声腔中影响最大、流传最广。弋阳腔的特色有二：一是有帮腔，二是器乐伴奏以锣鼓为节。所谓帮腔，就是每支曲调的尾段或尾句由后台演员帮唱，"一人启口，数人接唱"（《闲情偶寄·演习部》）。有后台帮唱，气氛已经很热闹，再用锣鼓等打击乐器伴奏，就更加声色喧腾了。这种声调喧哗、金鼓杂作的演唱方式，特别适合在乡村野台演出。因此，弋阳腔虽不为文人学士所喜欢，却为广大下层民众所喜闻乐见，得以传布广远。早在明代永乐年间，弋阳腔就已经流传到云南、贵州，嘉靖年间，又流传到南北两京、湖南、福建、广东等地。弋阳腔由于一开始就具有"错用乡语""向无曲谱，只沿土俗"（李调元《雨村剧话》）的特色，因此在流传过程中，能吸收各地的方言土语、民间小调，从而衍变出许多新的唱腔。这些新唱腔都具有弋阳腔后台帮腔和锣鼓节拍的特色，故统称为"高腔"。

昆山腔是南戏流传到江苏昆山后形成的一种唱腔。据魏良辅《南词引正》记载，昆山腔为元朝末年顾坚所创立。但在元代，昆山腔与其他南戏唱腔一样，也是以当地方音采用依腔传字的方式演唱的。直至明中叶，作为剧唱的昆山腔仍采用方音演唱，故其流行范围不大，"止行于吴中"一地（《南词叙录》）。嘉靖年间，魏良辅对昆山腔作了改进，采用以字声行腔的演唱方法，使昆山腔具有了宛转细腻的艺术风格，这才扩大了影响。昆山腔最受文人学士的欣赏，逐渐取代海盐腔而成为盛行于上流社会的"雅调"。经明清以来文人曲家的不断改进，曲词典雅、行腔宛转、表演细腻、格调高雅的昆曲,已成为中国民族戏曲的杰出代表和世界文化的珍贵遗产。

　　渊源于南戏的声腔剧种此消彼长,更相迭代,辗转交融,贯穿了宋元以来中国戏曲的数百年历史,塑造了中国传统戏曲的基本风貌。戏曲是中华民族文化的重要标志,也是中国人民最为喜闻乐见的文艺形式,在幅员广阔的中华大地上,形形色色的地方戏曲至今仍传唱不衰。大部分地方戏曲的渊源,都要追溯到南戏。南戏与北杂剧是中国古代戏曲的两座高峰,但就对后世戏曲的影响而言,南戏要远大于北杂剧。

第九章 ———— 洪振宁

研探科学　创新技艺

宋代是中国科学技术发展的黄金时期，多个科技领域取得了突破性成就。这得益于当时人文荟萃、经济繁荣、对外交流活跃。温州人在探讨学术与推进文化发展中敢于质疑，勇于创新，不断开拓，在科学研究方面多有亮点，翻开了历史新篇章。同时，温州人在创新技艺方面也显示出了非凡的创造力，尤其在古琴演奏、绘画创作等方面，至今影响深远。

▲ 陈楑墓志铭言及陈无择娶妻永嘉吴氏，
"遂为温之永嘉人"。

医学的研探与技艺的创新，对惠及百姓、改善生活具有明显的功用。

宋代温州医家具有务实开新的精神，勇于探索，敢于创新。在温州行医后来定居温州的医家陈言，撰写《三因极一病证方论》，最早创立病因学说，对中医病因学的发展起到承先启后的作用；温州众医家引导尚简之风，共同创立永嘉医派；施发撰成诊断学专著《察病指南》，书中首次创造性地绘制了33幅脉象示意图，为中国现存脉图最早的一部；王执中不囿旧说，撰《针灸资生经》，具有择善而从的治学精神，此书成为南宋针灸学的代表作。韩彦直总结了温州橘农的经验，撰成世界上最早的一部柑橘学著作《永嘉橘录》。王致远石刻《天文图》《地理图》与周去非撰《岭外代答》、徐霆疏《黑鞑事略》以及后来的《真腊风土记》，见证了温州人在地理学方面的重要贡献。在外温州人陈居中传世的绘画作品，显示了精湛的技艺，而宋代温州琴家郭沔创立了中国古琴史上第一个产生深远影响的古琴艺术流派。

陈言在温州创立病因学说

两宋重视医学，医药学研究达到空前的规模和深度。

陈言，字无择，是中医病因学的奠基者，也是中医病因辨证方法的开创者。他祖籍乐清，生于青田，长大后，长期在温州城区居住、行医，娶温州城区吴氏为妻。温州师从他的弟子有70多人。他于绍兴三十一年在温州撰写医书初稿6卷；后又加扩充，至淳熙元年（1174）撰成《三因极一病证方论》18卷，类分180门；另撰有《三因司天方》等。温州博物馆存有他儿子陈榠墓志碑刻，称"遂为温之永嘉人"。

陈言以儒学治医学，受永嘉学派创立时温州儒学的影响，其理论上的出发点与落脚点，都在"三因"二字上。他将"三因"的概念在各科病种中加以灵活应用，通过对病证规律性的理论思考和把握，去审视与统率诸方，走出了方剂学的一条由博返约、贴近实用的路径。

李经纬、林昭庚主编的《中国医学通史（古代卷）》第七章指出，宋代在病因学和诊断学上都取得了新的成就：病因学由博返约，"三因论"提出；诊断学有所创新。陈无择最大的贡献，是创立了"三因"学说，他将致病因素归纳为内因、外因、不内外因，是在张仲景"三条"论述发病方式基础上的更全面、更切合实际的创造性发展。陈无择另辟蹊径，创造性地对历代所积累起来的丰富的病因学内容重新进行高度概括，使病因学理论获得了由博返约的发展，打破了数百年来病因学停滞不前的局面。

陈言在温州写作的医学著作《三因极一病证方论》，今存宋刻本，缺叶配元刻本，原为燕京大学图书馆藏书，今藏北京大学图书馆，有"中华再造善本"高仿本。本书有 27 个刻本、抄本、整理本，其中清道光二十三年（1843）青莲华馆刻本多地有藏。日本历代刻本有 6 种，如元禄六年（1693）越后屋刊本，有燎原书店 1978 年 8 月影印本。清代抄本有 5 种，其中 1 种收入《四库全书》，又入选《四库全书珍本》。山西省中医药研究院对陈言及其《三因方》做了深入研究，他们点校整理的《陈无择医学全书》列入国家"十五"规划重点选题。

永嘉医派惠及民众生活

陈言也是南宋医风"尚简"的助推者。他的温州弟子王硕所撰《易简方》，被奉为至宝，风靡一时。书的内容是常用方剂 30 首，介绍使用 30味药物的炮制方法和性味功效，本意是作为供给一般民众使用的备急方书。

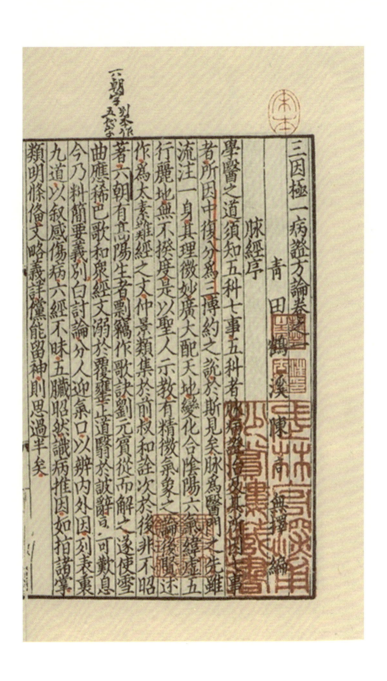

△陈言代表作《三因极一病证方论》。

该书以其简便易行，很快盛行于世，被誉为"近世名医之薮"。王硕当然清楚疾病证候的复杂性，但他认为，一般人是很难了解脉象的，面对治疗某一证候的众多方剂，必然会糊涂，甚至以病试药。在这种情况下，他认为不如"从事于简要"，所以选30首常用通治方，"对方施治"。这样轻病可望治愈，如果不能全好，也可以争取时间去招请高明的医生来治疗。

就此现象，《中国科学技术史·医学卷》有一大段的评述。一本小小的医方册子，居然成了当时的"名医之薮"，被奉至与儒家四书同样的地位。这样的结局，即便是王硕本人，恐怕也是始料不及的。南宋之时，随着儒学的发展向简转化，医学的简化之风也日趋扩展。王硕撰《易简方》，追根溯源，是受其师陈言的影响。

当时的温州城区，有多位学者研探医学，围绕《易简方》开展学术讨论，今天我们知道的有孙志宁撰《增修易简方论》和《伤害简要》，施发撰《续易简方论》和《察病指南》，卢祖常撰《易简方纠谬》，王暐撰《续易简方脉论》。如《续易简方论》6卷，对王硕所撰《易简方》中的30方分别予以论述，强调辨病要明虚实冷热，脉律精微，不可一病而统治之。

刘时觉著《永嘉医派研究》，认为：南宋淳熙至淳祐，大约1174—1244年间，正相当于北方刘完素、张子和、张元素、李东垣学术活动进入高潮，河间、易水两大学派形成之时，南方的浙江温州地区也形成了以陈无择为龙头，以陈氏弟子王硕、孙志宁、施发、卢祖常、王暐为骨干，以《三因方》为理论基石，以《易简方》为学术中心的"永嘉医派"。这一医学学派，围绕编著、增修、校正、评述、批评《易简方》，开展热烈的学术研究和论争。虽因国家分裂，南北隔绝，学术上缺乏交流和联系，但永嘉医派的学术成就也足以与河间、易水鼎足而三，共同开创了宋金元时期医学学派争鸣、学术繁荣的局面，而在中国医学史占有一席之地。

施发绘制脉象示意图

施发字政卿，号桂堂，永嘉人。青年时代攻读医学，并攻举子业，年长后专心致力医学研究，对疾病诊断理论及技术用力尤勤。有《察病指南》3 卷、《续易简方论》6 卷传世。

《察病指南》是一部以脉学内容为主的诊断学专著，为现存较早的诊法学专著，以脉诊为主，兼及一般诊法；引证范围广泛，融会贯通。该书较全面地阐述了脉诊的基本方法和原理，书中首次创造性地绘制了 33 幅脉象示意图，其中包括 26 种常见脉象和 7 种怪脉的脉象。脉象图大部分比较形象，在《脉经》脉图久佚的情况下，实开脉象图示之先河，不仅对推广和传授脉诊有重要价值，而且为疾病的诊断作出了贡献，对后世产生了较大影响。《察病指南》的脉象示意图是宋代脉图中较好的，该书也是中国现存脉图著录最早的一部。全书语言简练，通俗易懂，并附有歌诀，易学易记。

《察病指南》刊本，中土久佚，日本多次刊印，北京大学图书馆藏有日本活字本；1925 年，有上海中华新教育社石印本，7 次重印；又有铅印本收入《三三医书》；后来有点校整理本多种。近年来，整理本相继收入各丛书，主要有"历代中医名著文库"、《历代中医珍本集成》、《中医必读百部名著》、"中医珍本文库影印点校"（珍藏版）、《中医古籍珍本集成》、《中国古医籍整理丛书》与"十三五"国家重点图书出版规划项目"中医古籍名家点评丛书""浙派中医丛书·原著系列"等。

《中国医学通史（古代卷）》认为：施发的脉象图，是一种有意义的尝试，应当肯定其历史价值。直到现代，人们也还没有研制出理想的、能反

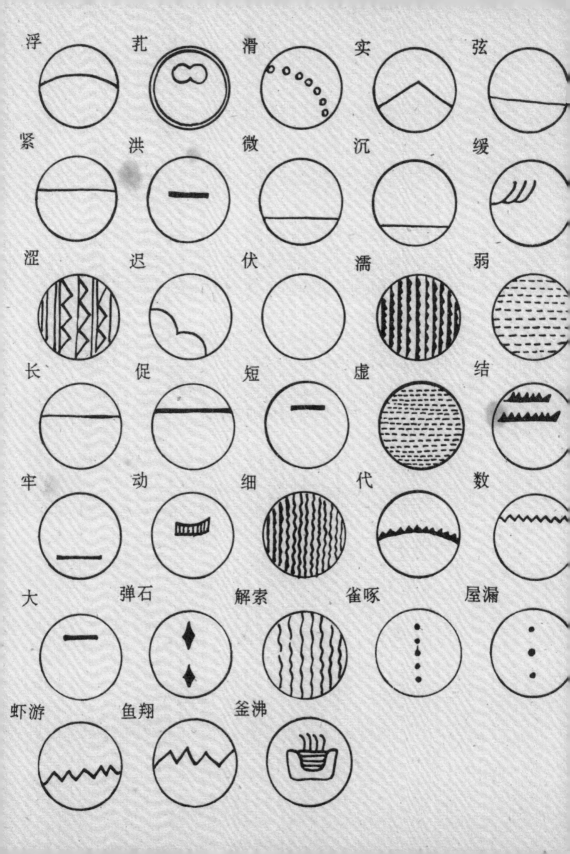

浮　芤　滑　实　弦

紧　洪　微　沉　缓

涩　迟　伏　濡　弱

长　促　短　虚　结

牢　动　细　代　数

大　弹石　解索　雀啄　屋漏

虾游　鱼翔　釜沸

◂ 施发的《察病指南》首次创造性地绘制了 33 幅
脉象示意图，其中包括 26 种常见脉象和 7 种怪
脉的脉象。

映中医脉学特色的脉搏描记仪器，将脉象图形化、客观化；施发在 700 多年前就已进行了这样重要的探索，其思想无疑是可贵的和相当先进的。

王执中《针灸资生经》是南宋针灸学的代表作

医家王执中，字叔权，瑞安人。乾道五年（1169）考中进士。曾任从政郎，峡州、澧州教授，将作丞。年少多病，故举业以外，兼攻医药，悉心研究医学理论，对民间秘术和土法也兼收并采。他既精于针灸，又通于方药。撰有《既效方》（已佚）和《针灸资生经》。

《针灸资生经》共 7 卷，是宋代《铜人腧穴针灸图经》之后又一部重要的针灸著作。卷一主论腧穴，按头、胸、背、腹、四肢分部介绍，附经穴图 46 幅，并考订了穴位、取穴主治、禁忌诸项；卷二主论针灸法，如定穴、宜忌等，以灸法为多，对后世很有影响；卷三至卷七叙述内、外、妇、儿各科 193 种病证的取穴施治。该书对宋以前的针灸学成就进行了全面系统的总结，是一部博采众长、内容丰富、罗列详悉、因病配穴、有较高参考价值的临床针灸专著。作者不囿旧说，具有择善而从的治学精神，推崇针、灸、药并用的综合治疗方式。书中辑录了许多前人的经验和自己的心得体会，有针灸医案 50 余例，记载了 21 个民间常用有效而前人未曾记载的别穴，还辨正了前人关于腧穴的某些错误论述。《针灸资生经》在前人经验的基础上，明确提出"男左女右，手中指第二节内庭两横纹相去为一寸"的同身寸法。此法一直沿用到现在，是公认的针灸取穴标准。王氏在针灸治疗方面的另一特点是，在治疗前，他往往要寻求病人身上某些有反应的腧穴，按之酸痛然后施术，明显提高了疗效。这与孙思邈的阿是穴有异曲同工之妙。

《针灸资生经》为南宋针灸学的代表作，全面总结了南宋以前的针灸理论和临床经验，明代《针灸聚英》《针灸大成》、清代《针灸集成》等皆取材于本书，可见其影响之深远。黄龙祥主编的《针灸名著集成》有《〈针灸资生经〉考略》，指出元以后针灸书多受《资生经》一书的影响，例如《普经方·针灸门》病症治疗内容主要抄自《资生经》卷三至卷七；徐凤《针灸大全》实际上完全依据《资生经》一书编成；《针灸集成》卷上针灸治疗系节录自《资生经》；《针灸聚英》卷一腧穴部位、刺灸法等文字多直接抄录《资生经》，腧穴主治症也主要从《资生经》中辑录。明代还出现了研究《资生经》的专书——《资生经明堂经穴道校正》。

《针灸资生经》在古代中国先后刻印过 6 次，日本有宽文九年翻刻本。《四库全书》本有影印单行本多种，上海科学技术出版社 1959 年出版了整理本，近年收入"中国医药丛书"、《中华医书集成》，入选"十三五"国家重点图书出版规划项目"中医古籍名家点评丛书"，收入《针灸名著集成》、"中医临床必读丛书"、《中国针灸大成》等。

后来还有中国最早的本草歌诀，即东嘉周天锡至元三十一年（1294）所撰的《图经备要本草诗诀》，以七言诗述药 365 种，简约，易记。元代有著名法医学家王与，他的著作《无冤录》成为当时刑事侦查、死伤检验的必备用书。宋元温州医家的著作，大多有日本或韩国的刊刻本，记载着中、日、韩文化交流的一段佳话。

农学与地理学的著述

韩彦直所撰《橘录》，又名《永嘉橘录》。这是作者在温州担任知州时，就地采访、撰写成书的，成书时间在宋淳熙五年。这是世界上最早的一部

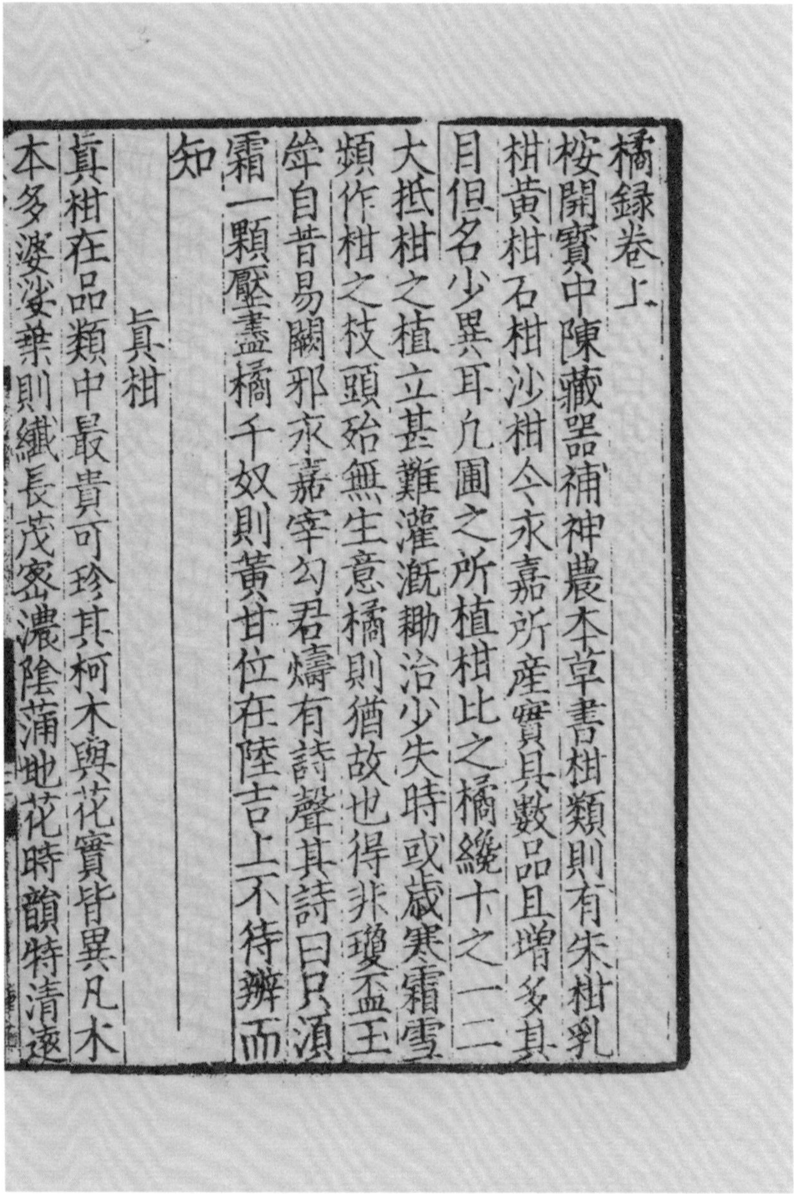

橘錄卷上

按開寶中陳藏器補神農本草書柑類則有朱柑乳
柑黃柑石柑沙柑今永嘉所產實具數品且增多其
目但名少異耳凡圃之所植柑比之橘纔十之一二
大抵柑之植立甚難灌漑勤治少失時或咸寒霜雪
頻作柑之枝頭殆無生意橘則猶故也得非瓊盃玉
斚自昔易闕邪永嘉宰勾君爛有詩其詩曰只須
霜一顆壓盡橘千奴則黃甘位在陸吉上不待辨而
知

真柑

真柑在品類中最貴可珍其柯木與花實皆異凡木
本多婆娑樂則纖長茂密濃陰蒲地花時韻特清遠

▲《橘录》是世界上最早的一部柑橘学著作。

柑橘学著作。我国是世界上最早栽培柑橘类果树的国家，也是这类果树的主要产地之一。温州柑橘久负盛名，温州地区也曾经出现大量赞颂柑橘的诗词歌赋。

全书共分三卷，记述当时温州地区柑橘类果树 27 种，其中柑 8 种，橘 14 种，橙属 5 种。作者认为泥山（今苍南宜山）乳柑为品中第一。《橘录》对每一品种的描述，包括树冠形状、枝叶生长状态，果实的大小和形状，果实成熟期的早晚，果皮的色泽、粗细以及光泽程度，果皮剥离的难易，瓤囊的数目与分离的难易，果实的风味，种子（核）的多少等。作者第一次比较完整而系统地对柑橘类果树的各品种性状进行了描述，其内容是较详尽且具科学性的。卷下分为种治、始栽、培植、去病、浇灌、采摘、收藏、制治、入药 9 节，记述柑橘的栽培技术、加工方法及其在医药上的价值。作者对温州橘农的栽培经验的总结十分详尽。书中指出柑橘宜斥卤之地，并注意到土壤的种类特别是土壤酸度对柑橘品质的影响。在施肥方面，书中强调冬夏两季都要施肥，反映了常绿果树的特点。

《橘录》总结的"高畦垄栽"经验，一直沿用至今。在防治病虫害方面，书中明确指出柑橘所受的危害主要有由薛与由蠹所引起的两种，作者总结了温州地区治除的方法，这种除虫方法沿用至今。在贮藏方面，作者总结说，要勤于检查，十日一翻，有烂的，及时拣出。这个做法，也为后人遵循。书中还用百余字总结了温州橘农对砧木的培养，接穗的选择，嫁接的时间、方法，以及接后堆土、防雨等保护措施的经验，精湛而全面。

《橘录》问世 800 多年以来，备受柑橘生产者、爱好者和研究者的欢迎。其书收入《百川学海》，有宋刻本。已被翻译成英语、法语、日语、西班牙语、意大利语和希腊语，广为流传，对推动中国和世界的柑橘发展具有深远的影响。

存世著作不仅见证了温州对农学的贡献，还见证了宋代温州人对中国地理学的贡献。

　　宋代是中国古代地图测绘和地图学令人瞩目的高峰时期。宋代地图学的发展，就有温州人的贡献。王致远在苏州任浙西路提刑时，将元丰年间根据观测所作的恒星位置图刻石，即闻名世界的苏州石刻天文图，或称宋淳祐天文图。此石刻图，上半部是星图，下半部是文字说明，刻星1431颗，保留了我国古代天文测量的重要资料。陈美东认为："自立石之后，该天文图起到了普及天文知识的重要作用，对于明代天文图的绘制产生了深远的影响。"同时刻石现存的还有《地理图》和《帝王绍运图》，三块石刻图是中国古地图的宝贵遗产。《地理图》由黄裳绘制、王致远在苏州刻石，是反映12世纪初北宋疆域情况的石刻总舆图。图中有地名431个，河流

▲ 夏鼐藏《岭外代答》。

78 条，山峰 180 座；山脉用写景法表示，东北部的山坡上加绘树木象形符号，表示连绵千里的原始森林，颇有立体感，并以文字注记"平地松林广数千里"，很有特色。山脉、河流及刻字符号等线条清晰，江河、海岸的轮廓和位置大体正确。

周去非《岭外代答》与徐霆疏《黑鞑事略》，也取得了重要的成就。周去非在淳熙年间出任广南西路桂林通判，在此期间了解到不少海外地理情况，回到温州后加工整理成《岭外代答》一书。全书共有 20 门，卷二、卷三为外国门。书中涉及的地域范围，除岭南地区外，还包括南海、东南亚、南洋群岛、南亚、西亚，以及东非等地。书中描述岭南地区的山川、古迹、物产、民俗，兼及南海、印度洋沿岸一些国家和大秦等地的地理、社会经济情况。所述非洲国家，有"连接大海岛"的昆仑层期国、"大食巨舰所可至者"的木兰皮国，是一部比较全面地记载了岭南地区、南海印度洋沿岸、西欧及非洲部分国家的社会经济、物产民俗的著作。该书是研究宋代中西海上交通和 12 世纪南海、南亚、西亚、东非、北非等地古国史的可贵资料。除记述有自然地理、人文地理和历史地理的内容之外，该书还是我国最早从形态原则出发，把桂林岩溶地貌分为"岩""洞""峰"三个类型的地理著述。在当时来说，他对岩溶地貌的认识及其分类方法，还是比较先进的。

宋代温州人往北到蒙古并写下见闻的，其中有徐霆，他是《黑鞑事略》的作者之一。作为南宋使节的随员，端平元年（1234）前往蒙古，至其草地已是丙申年（1236）之夏。归宋后，著《北征日记》，惜今已佚。又叙述其土风习俗，记录编撰成稿。后遇另一作者彭大雅，各出所编，合成一书。两人之文，皆来自亲历见闻，互补相成。黑鞑，是宋人对蒙古的称呼。作者亲历其地，经耳闻目睹，记录当时蒙古国朝廷要员、地理气候、放牧

▶ 王致远刻下的《天文图》《地理图》，对中国古代地图测绘和地图学作出了重要的贡献。

《地理图》

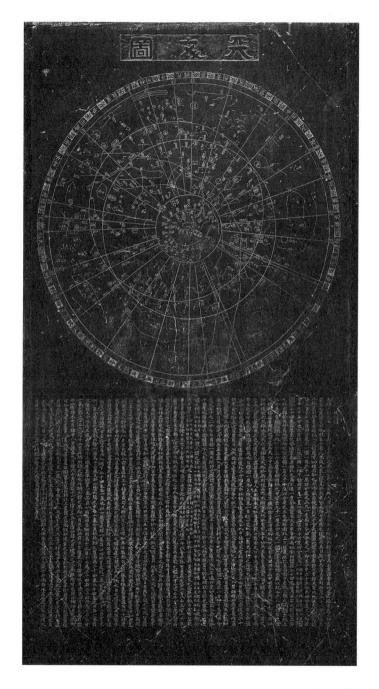

▲《天文图》

和围猎方式、语言文字、历法、筮占、官制、风俗习惯、差发赋税、贸易商贾、军队、武器、作战方法、行军阵势，以及所属各投下状况、被征服各国的名称等，内容翔实丰富，实际上是一部蒙古见闻录。本书为研究13世纪上半叶蒙古国历史地理的重要资料。

另外，值得一提的是，2005年被评为世界地质公园的雁荡山，与宋代的科学家沈括是有关系的。北宋熙宁七年（1074），沈括察访温州，游览雁荡山，此后写下著名的《雁荡山记》。今雁荡山留有沈括题名2处。《雁荡山记》收载入《梦溪笔谈》。作者根据他在黄土高原考察所得的经验，推究并说明了雁荡山奇特地貌形成的原因，认为大小龙湫、水帘、初月谷之类，是水凿所致，得出了雁荡诸峰形成于流水侵蚀作用的结论。《雁荡山记》作为一篇考察笔记，具有较高的科学价值。

郭楚望开创浙江琴派

宋代温州人郭沔，被公推为浙派古琴的创始人。浙派古琴的诞生，是中国古琴艺术成熟的标志。浙派古琴形成于南宋，以其地域性的音乐与演奏特色，在宋、元、明三代产生了巨大的影响，在琴界具有独领风骚的地位。也就是说，郭沔创立了中国古琴史上第一个产生深远影响的古琴艺术流派。后来的琴史，有明末的虞山派，清代的广陵派，近代则出现多个琴派。

郭沔，字楚望，永嘉（今温州城区）人，终生未仕。中年曾在韩侂胄之僚属张岩门下做清客。后韩侂胄被杀害，张岩被贬黜，使郭沔感到政局动荡及予己身的压力。郭沔移居湖南衡山附近，望九嶷为潇湘之云所蔽，更有满眼风雨、国家将亡的感慨。所作《潇湘水云》《泛沧浪》《秋鸿》等琴曲，以描写自然景色之美而寄托他的忧国之思。据传，《飞鸣吟》《春雨》

▲《潇湘水云》琴谱。

等也为郭楚望所作。郭沔重视艺术的承传关系，曾收集、整理了不少古代留存的琴谱和民间流传的琴曲，使其传习下来。郭沔编《琴操谱》15卷、《调谱》4卷，后因政局变动，该谱未能付印。在乐曲创作方面，他从大量古今传谱中汲取了丰富的艺术营养，既能继承传统，又能创写新意，这使他的作品具有承前启后的特征。在琴学的教习方面，他也不遗余力，曾直接或间接培养了刘志方、杨瓒、徐天民、毛敏仲等知名琴人，影响深远。

▲ 王振鹏《伯牙鼓琴图》。

《潇湘水云》是著名的古琴曲。琴曲的创作者借九嶷山被"云水所蔽"的图像，寄托了他对国家前途的深深忧虑。"以天下为己任"是宋代知识人的基本特征。郭沔一生清贫，但同样具有以国事为重的布衣情怀。《神奇秘谱》在《潇湘水云》解题中说，作者"每欲望九嶷，为潇湘之云所蔽，以寓惓惓之意也"。这"惓惓之意"就反映了郭沔的忧国思虑。全曲情景交融，寓意深刻，气魄宏伟，意境高远，被历代琴家公认为琴曲的典范之作。

《潇湘水云》在中国音乐史上具有重要地位。明清时期，存有《潇湘水云》的 61 种古琴谱。现今所知最早著录此曲并作题解的是明代朱权的《神奇秘谱》。主要版本如《五知斋琴谱》和《自远堂琴谱》，风格有所不同，一为豪放激昂，一为清新古朴。

清代温州马元熙于光绪丁亥年（1887）辑有《友石山房琴谱》，其中收入《潇湘水云》。马元熙善鼓琴，自刻印章称"须知我是爱琴者，一生无日不弹琴"。他儿子马寿洛回忆说，《友石山房琴谱》谱中十一曲，皆平时所常弹者，而独于《潇湘水云》一曲最为欣赏，几乎无日不弹。

2003 年，中国古琴艺术被联合国教科文组织列入"人类口头和非物质遗产代表作名录"。2006 年，国务院将古琴艺术列入"第一批国家级非物质文化遗产名录"。古琴弹奏表面看是技艺，而琴曲背后的文化，才是主导古琴历史文化传承发展的核心所在。

今天的人们可以观赏不同面貌的琴谱，而经过众多现当代古琴名家的演绎，听众穿越过八百年的时间隧道，可以会心地领略宋代温州琴家的艺术志趣，可以真切地倾听古琴曲那美妙的乐音。郭沔的《潇湘水云》等古琴曲，无愧为宋韵瓯风第一品。

陈居中绘画技艺精湛

关于中国南宋画家陈居中，《中国大百科全书（美术卷）》立有条目，介绍他的绘画。近年彭慧萍、余辉有考证，陈居中是温州平阳凤林乡人。南宋嘉泰年间（1201—1204），他在都城杭州从事绘画，专工人物、番马、走兽。开禧三年（1207），他奉命随同官员出使金国，这一年林拱辰担任金国通谢使，与方信孺一同使金。据《宋史》之《韩侂胄传》的记载，韩

▲ 陈居中《四羊图》。

侂胄连遣方信孺使北请和，以林拱辰为通谢使。林拱辰也是平阳凤林乡人，淳熙五年考中武科进士，换文，登八年（1181）第。南宋时期，在临安任职或做事的凤林乡人为数不少。按惯例，奉命出使，回国后本当得以升官或担任官职。林拱辰、方信孺回国复命，传达金国提出讲和的条件之一是要韩侂胄人头，韩大怒，将方信孺贬官，夺三秩，临江军居住。由此而推断，林也不可能升官，陈也未曾获得理应得到的官职。陈居中是到了绍定五年（1232）才得以考中武科进士。

陈居中画有不少北方少数民族生活情态和鞍马的作品，作品具有笔墨精致活泼、风格俊俏明媚的特色。今存台北故宫博物院的《文姬归汉图》，选择"胡笳十八拍"中有代表性的母子分离一段情节，描绘汉末流落匈奴的蔡琰归汉时与左贤王告别的情景。陈居中表现汉匈双方举行隆重的饯别仪式，夫妻二人对坐，汉使在席前迎候启程，左贤王正斟酒向文姬送别；在隆重的仪式中，二人压抑着内心的痛苦，只有蔡琰的两个孩子不愿离开妈妈，小的双手搂着妈妈的腰，大的似乎已经懂事，劝解小的松手。绘画对夫妇、母子、母女间的感情刻画颇为细腻。为了提供人物活动的情感氛围，作者选取塞外荒原土岭为背景，画面充满了压抑、凝结的气氛。图中所绘汉匈 31 个人物，都刻画得生动自然，显示出画家的精湛技艺；所画的鞍马有 13 匹，在形象刻画上颇见功力，画马技巧体现出相当深厚的写生功底。据记载，陈居中另有《胡笳十八拍图册》，藏于台北故宫博物院和美国波士顿美术馆。北宋末靖康之难，二帝被掳，国人遭俘者甚多，人民盼望收复中原。陈居中画文姬归汉的内容，是现实生活的曲折反映。

故宫博物院另藏有陈居中所画的《四羊图》。这是一幅富有情趣的小品。深秋山岗，坡树枝叶疏落，枝头一双山雀俯瞰着坡石间的山羊抵角嬉闹——三只聚集在平坡上嬉戏，另一只立于土丘上嘶叫，四羊的形象描写皆从写生中来，生动传神。《四羊图》是我国历代绘画中画羊的佳制。

　　以上通过盘点可见证之物，叙述宋代温州人对科技方面的研究与对技艺方面的探讨，我们看到宋代温州科技与技艺在中华文明发展史上具有一定的地位。可喜的是，传统科技与工艺在传承与创新中不断进步。宋代温州人在探讨学术与推进文化发展中敢于质疑，勇于创新，不断开拓，奠定了宋代温州文化品格，并为后来的温州地区所延续，形成了文化发展史上值得点赞的宋韵瓯风。

第十章

禅宗道门　多元共生

洪振宁

儒、释、道，是中国传统文化的三大支柱。唐代以来，三教交互融摄，共同影响着人们的文化生活。两宋时期，儒、释、道相互融合的趋势进一步加强。这也使得宋代温州文人思想不是单一的，而是呈现出一种多样复杂的面貌。宋代温州的佛教、道教、摩尼教等宗教活动比过往更加活跃，较为频繁地参与了中日韩三国的文化交流，在全国的地位逐渐提高，提高了温州文化的张力与创造性。温州人较为频繁地参与了东亚文化交流。文化的生命力在于不断交流中的创新与发展，文明因交流互鉴而美美与共。

▲ 瑞安圣井山石殿是为纪念许真君而建，宋以来老
　百姓多来此求雨。

儒、释、道多教共存，是宋代文化发展中的一个重要特征。这从宋代温州宗教文化的发展中也可以看出来。温州本是个典型的共生之区，在这个地方，生物多样性和文化多样性都特别突出。就文化多样性说，北边的吴越文化和南边的闽粤文化，在温州这一地带交汇融合。融汇的结果是温州整体面貌复杂，文化多样性突出。温州文化性格的多样性，是在两宋时期形成的。

文化的生命力在于不断交流中的创新与发展，文明因交流互鉴而美美与共。宋代温州人较为频繁地参与了中日韩三国的文化交流。从存世的见证物看，宋代温州人集录的佛教著作中，有2部被日本指定为重要文化遗产；温州僧人著作中，有1部是日本现存最早的活字本，为日本贵重图书；宋元温州僧人的墨迹，藏在日本的有41件，被日本指定为重要文化遗产的有15件，其中4件为日本国宝。就此也可见证中日文化的交流。

古代温州人深受道教的影响

道教是我国土生土长的传统宗教，道教称神仙所居的名山胜境为洞天福地。在温州，有所谓的"洞天福地"多处。

就"七十二福地"说，据署名唐代杜光庭编撰的《洞天福地岳渎名山记》所载，温州有：东仙源，在温州白溪；玉瑠山，在温州海中；陶山，在温州安固县，为贞白先生修药处；大若岩，在温州永嘉县，为贞白先生修《真诰》处；三皇井，在温州仙崖山；另有南田，在处州青田，今属温州文成。

大若岩，又叫大箬岩，在永嘉县境内楠溪江畔。按照《云笈七签》中的"七十二福地"排序，大若岩为第十二位。大若岩为著名道士陶弘景撰写道经《真诰》之处，所以大若岩又叫"真诰岩"，其隐居处又称"陶公洞"。陶弘景对温州民间文化的影响尤为深广。温州城区有华盖山容成太玉洞天，道教所谓"三十六洞天"之一。

北宋末，有著名道士林灵素，他于宣和元年（1119）归还乡里。林灵素初学佛，后学道，曾在温州华盖山筑通真庵，修真于应道观，政和六年（1116）被推荐给宋徽宗。宣和三年（1121），永嘉大若岩陶公洞建广福灵真宫。

宋代温州人撰写的道教著作有多部，收存在《道藏》之中。其中宋代有夏元鼎《黄帝阴符经讲义》3卷、《紫阳真人悟真篇讲义》7卷，蒋叔舆《无上黄箓大斋立成仪》36卷，谢守灏《混元圣纪》9卷、《太上混元老

▲ 林灵素是中国道教史上颇具影响力的人物。

子史略》3 卷等，周无所住《金丹直指》1 卷，黄公瑾校正《地祇上将温太保传》1 卷。对后世影响较大的是内丹心性之学。

谢守灏年少推尊孔子，后为道士，尤擅金丹理论，并会通儒、释、道，偶于佛教寺院借座讲道说法，令"禅林尊俗亦多叹服"。他博极书传，穷搜约取，编成《混元圣纪》9 卷。该书盛行于时，声动朝野。全书征引丰富，博而不乱，是一部铺叙老子传记最详细的道书，为研究道教史的重要资料。他又撰有《太上老君年谱要略》1 卷、《太上混元老子史略》3 卷。晚年回到家乡瑞安，在紫华峰创建九星宫居住而终。朝廷曾赐谢守灏号为"观复大师"。

蒋叔舆字德瞻，号存斋。曾任信州弋阳县令。学问广博，天文、地理、律历、音乐、仓扁之书，靡不该究。诗，与四灵唱和，文，则与叶适为门友。据其子蒋冲素等所撰《修书本末》，蒋叔舆受其师留用光之命，诠考斋法，于嘉泰二年（1202）开始编集《灵宝玉检》，至嘉定十六年（1223）去世之前，历经 20 多年，编成此书。翁卷有诗《喜蒋德瞻还里》谈到编书之事"学就金丹法，修成玉检书"。全书已佚，残存其中《黄箓斋仪》36 卷。《道藏》中存有蒋叔舆编《无上黄箓大斋立成仪》57 卷，为明代人增补。本书集黄箓斋法之大成，包罗甚富。不仅分门别类，详列各种斋醮仪轨，包括设坛法式、法具、法服、行斋节次、启文奏疏、咒语符图、偈颂赞引等，并且酌情采集前辈陆修静、张万福、杜光庭、李景祈等人修订的斋醮仪范，保存了不少有关古代斋仪已佚之资料。全书分 24 门，门下节目繁多，内容宏富，考辨精详，门类部帙井然有序，为现存道教斋仪书中所罕见者。

夏元鼎，永嘉人。"夏君少从永嘉诸大老游"，博极群书，屡试不第。至上饶，自念"未登龙虎榜，先登龙虎山"。后入道，主张"三教殊途同归"。撰有《悟真篇讲义》7卷、《阴符经讲义》4卷、《崔公入药镜笺》1卷、《南岳遇师本末》1卷，词有《蓬莱鼓吹》1卷。《金丹诗诀》也为夏元鼎编。真德秀为夏元鼎《悟真篇讲义》作序。"踏破铁鞋无觅处，得来全不费功夫"即来自夏元鼎诗。《阴符经讲义》一书，独树一帜，以丹法释解经文，以宋代道家《易》学思想阐述修丹之道。后世道教修丹者对《阴符经讲义》传承相袭而不废，该书成为丹经典籍之一，收入《道藏要籍选刊》。《悟真篇讲义》文字明白流畅，章剖句析，诠释《悟真篇》，阐述修炼内丹之旨。所述丹法强调自身修炼，属南宗清修派。

周无所住是白玉蟾的再传弟子，他所著的《金丹直指》，成书于淳祐十年（1250），力倡"三教合一"。受理学的影响，他更着重于和会理学，其基本立场，是以真性为金丹，将内丹学理论纲要的性命二者统一于一体，较前人的性命一体论深化了一层。

宋元之交，有林灵真，号水南，平阳林坳（今属苍南）人。屡试不第，乃弃儒从道，舍宅为观，后成为著名道士。东华派主要传人，蔚为一代真师，所传弟子在州里不下百人。编有《灵宝领教济度金书》。

鲁迅先生有句被广泛引用的名言："中国根柢全在道教"，"以此读史，有多种问题可以迎刃而解"。道教对温州人的影响，亦不可忽视。儒、释、道，是中国传统文化的三大支柱，唐代以来，三教交互融摄，共同影响着人们的文化生活。

其间，还有摩尼教在温州开展各种活动。宋政和七年（1117），礼部牒温州宣取摩尼教经。摩尼教在温州兴盛，活动场所达到40多处，并私建无名额斋堂。宣和二年（1120），礼部再牒温州宣取摩尼教。绍兴二年，朝廷下诏禁止温州、台州二州民结集社会。绍兴七年，枢密院言：访闻（摩尼教）近日又有奸滑，改易名称，结集会社，或名白衣佛会，及假天兵，号迎神会，千百成群，夜聚晓散，传习妖教。

两宋时期，僧人、道士与诗文作家往来密切。陈傅良与道士谢守灏是好朋友。叶适与释元肇、居简交往，居简对叶适评价很高。蒋叔舆曾任信州弋阳县令，编集道教著作，与叶适弟子戴栩是好友。著名学者戴溪的孙子戴煟是名医，又是龙兴宫的道士。儒、释、道三家学说以及摩尼教的相互融合的趋势进一步加强。这也使得温州文人思想不是单一的，而是呈现出一种多样复杂的面貌。

宋代温州佛教著作传至日本

宋代温州佛教的发展，有多个前提条件，先是唐代温州释玄觉打下基础，后有吴越王钱俶兴建寺院、礼遇僧侣的推动，再是地理位置靠近天台山。两宋时期温州的佛学著作，主要分为天台宗、禅宗两类，传世的共有30部102卷。

天台宗类的温州著作，主要是反映山家、山外争论的文献，有10多种，其中2部存于日本，被指定为重要文化遗产，1部是日本最早的活字印本。

释羲寂，永嘉人，天台山僧，曾请求吴越王遣使从高丽、日本等地寻回不少天台宗典籍，著有《螺溪振祖集》1卷。释处谦撰《法华玄记十不二门显妙》1卷。释继忠，温州城区人，为知礼再传弟子。他8岁入开元寺，得度，居妙果寺、江心寺研究教观，每年正月在温州郡中授菩萨戒，行放生事，士庶至数万人。继忠服膺知礼，屡与山外诸师辩论，整理知礼文献，撰《扶宗集》50卷，原书已佚。继忠的贡献主要是将山家山外之争的文献加以整理结集。《佛祖统纪》卷一三记其生平事迹甚详。继忠有述《四明十义书科》1卷，又编集《四明十义书》（知礼撰）2卷。传世有宋刻本，线装 3 册，第一册为永嘉沙门释继忠述《四明十义书科》，第二、第三册为继忠集录的知礼撰《四明十义书》。日本京都东福寺所藏，为圣一国师圆尔辩圆携往日本，1941 年被指定为日本重要文化遗产。《四明十义书》卷首有序，作于熙宁九年（1076）冬月，序文最早对天台宗山家、山外历时七年的争论作了初步的回顾与总结。继忠集录《法智遗编观心二百问》（知礼撰）1 卷，收入《永乐南藏》《永乐北藏》《径山藏》《乾隆大藏经》《频伽精舍校刊大藏经》。继忠集录《四明仁岳异说丛书目次》7 卷，包括《岳阇梨十谏书》《法智遗编解谤书》《岳阇梨雪谤书》等，有南宋端平二年（1235）刻本，分 2 册，圣一国师从中国回日本时携带传入，日本京都灵云院藏，被日本指定为重要文化遗产。

继忠培养了处元与从义。永嘉沙门释从义的著作较多，传世的有《法华三大部补注》14 卷，卷首有作者自序。日本存宽文九年（1669）刻本，有两部。从义撰《金光明经玄义顺正记》3 卷，卷首有自序，元丰七年（1084）暮春写于瑞安宝积教院；《金光明经文句新记》7 卷，二书一并收入《续藏经》。另撰《止观义例纂要》6 卷，卷首有自序。又有《摩诃止观义例科》1 卷。从义为湛然《始终心要》作注，撰《始终心要注》1 卷。从义撰《天台四教仪集解》3 卷，有日本文禄四年（1595）活字印本，是日本现存最早的活字印本，日本国立国会图书馆藏，为日本贵重图书。又有宽文九年左卫明梓行本、贞享二年（1685）日本刻本、日本元禄六年本屋平兵卫重刻本，排印本载《续藏经》第 102 册。

释处元撰《止观义例随释》6 卷，卷首有作者自序，写于崇宁三年五月温州东溪草堂。此书有日本元和二年（1616）刊本，后有作者跋记，写于崇宁乙酉（1105），日本国立国会图书馆藏；又有宽永十九年（1642）三月石黑库龙卫门版本、宝永元年（1704）甲申沙门秀云序重刻本。上海图书

天台四教集解卷上

余治平四年冬於郡西之妙果而寄講焉明年夏諸
新學講事文墨消釋高麗觀師所錄天台四教于時
權以罟川之科分節文之起盡散集諸部法言解釋
義之綱要未逾二旬乃成三卷題目謂之四教集解
焉草剏巍畢尚未琢磨便爲學者傳寫流布世人咸
將何晏集解致難而不曾以杜預集解爲妳且儒之
集解既存二說今之題目何必怪哉嗚呼管闚之局
也而有斯惑焉今熙寧九年居大雲西院講剖之餘
於是考覈罟川之科未爲盡善矣遂乃自出科文一

天台四教義解
上

宋元时期，温州僧人对日本佛教的发展产生了重大
的影响，往来密切。图为从义撰《天台四教仪集解》，
是日本现存最早的活字印本。

馆藏民国十四年（1925）扬州众香庵刻本。排印本载《续藏经》第99册。

宋代禅宗类著作，包括外来僧人住温州所留下的，传世的至少有11种。

释义怀撰《天衣义怀禅师语要》1卷。义怀为云门宗高僧，佛教史称"天衣为净禅兼修之作俑者"。释介谌撰《无示介谌禅师语要》1卷，编《长灵守卓禅师语录》1卷。介谌弟子昙贲，住温州江心寺，撰有《心闻昙贲禅师语要》1卷。释深，号已庵，温州人，住温州光孝寺，云门宗第十一代传人，有《已庵深和尚语要》。释从瑾，永嘉人。初依温州资福院圆辩（道琛），后迁温州龙翔寺，曾住四明天童寺。郡守曾逮请其主雁荡能仁寺，有《雪庵从瑾禅师颂古》1卷。另有《武林西湖高僧事略》1卷，宋释元敬、宋释元复撰。

居温州的外来僧人有元肇、智朋、了惠、可湘等，各留有语录。另有释居简，号北涧，日本国立国会图书馆存有刊刻本《北涧诗文集》，卷首有叶适写给居简的题诗及附记，当为据手迹刊刻收入。释元肇有《温州江心龙翔兴庆禅寺语录》，侍者文谦等编，载日本宝永元年（1704）植工常信活字本《淮海和尚语录》。元肇，号淮海，通川人，曾住温州江心寺，有诗集《淮海挐音》2卷，日本有元禄八年（1695）刊刻本。多人作序，其中有东阁赵汝回淳祐八年（1248）序。释智朋有《介石和尚初住温州雁山罗汉禅寺语录》，绍定二年（1229）住温州雁荡山罗汉寺。西岩了惠撰《西岩了惠禅师语录》2卷，其中有《温州雁荡山能仁禅寺语录》，有日本宝永四年（1707）活字印本。了惠居雁荡山能仁寺三年，重建火后寺庙。他有《永嘉彬上人写华严经请书其后》《雁山出队上陈侍郎》《仙岩海山长老请》等诗文。释可湘，号绝岸，台州宁海（今属浙江宁波）人，有《绝岸可湘禅师语录》1卷。曾住温州雁山能仁寺、江心龙翔兴庆寺。嗣法门人正从、妙恩等编其《温州雁山能仁禅寺语录》和嗣法门人守静、妙恩编其《温州江心龙翔兴庆禅寺语录》。

各地对玄觉著作的传播

　　各地文化在交流中相互借鉴，五色不同，交织而成章；五音各异，交响而成乐。宋代温州，是海上丝绸之路上的港口城市，因为开放而推动多样文化在交流中的交汇与融合、共生与发展。试以温州僧人玄觉《证道歌》在宋代的传播与交流为例，来说明之。

　　两宋时期，唐玄觉的《证道歌》已有多种刊刻本、抄写本、注释本，《永嘉集》也有注释本，在国内外有较大的影响。释玄觉于唐先天二年（713）示寂，至绍圣三年（1096），广州六榕寺立苏轼书《证道歌》石刻碑，三百多年间，《证道歌》的传播各地，交流广泛。按出现的时间顺序，写序为1077年、1097年、1146年、1164年、1340年的刊刻各本，可见证的流布地（按现在的地名）除江西宜丰、浙江丽水、安徽安庆、江苏苏州、江西宜春、江西鄱阳外，还南下广州，西北至敦煌并据说进入印度，东北流传于日本、韩国。

　　西北传敦煌。宋代敦煌遗书中，有《证道歌》的7个抄本，其中被认定写于太平兴国五年的《禅门秘要诀》，抄录的是《证道歌》全文，相关的还有6个卷子，分藏于法国、英国国家图书馆。自唐先天二年至北宋太平兴国五年，时间约260年。

　　南传至广州。又过了一百多年，至绍圣三年，广州六榕寺立有苏轼书《重开永嘉证道歌碑》石刻碑。清翁方纲《粤东金石略》有记录。今残碑仍存六榕寺内。苏轼书写的《证道歌》碑刻拓片，今藏日本东北大学图书馆。摄影照片与文字解说，收入日本学者常盘大定、关野贞编著，法藏馆

▲ 北宋彩塑佛像。

1939 年刊行的《中国文化史迹》图版第三辑、解说第三卷。

东北传播至高丽与日本。两宋时期，各地注解《证道歌》《永嘉集》的著作中，传世的有 5 部。《证道歌》有法泉和尚颂证道歌、宋释彦琪注本、释知讷注本，以及释印肃颂赞 268 篇。

南明法泉撰《证道歌颂》320 篇。刊本有括苍吴庸熙宁十年序、括苍祝况熙宁九年后序。作者署名千顷山沙门法泉颂。释法泉，随州人，初住衢州南禅寺，后在安徽与浙江交界的千顷山，再移居浙江丽水境内的南明山。有晋阳公崔怡题写跋记的刊本，书名《南明泉和尚颂证道歌》，为"重雕铸字本"，似是据铸字本重刊，韩国国立中央图书馆藏。而跋记，写作时间是己亥（1239），因而成为记载了早于跋记时间的铸字本的史料之一。韩国存有宣光戊午（1378）年释僧俊刊刻的《证道歌颂》，1925 年传回中国。

宋释彦琪注《证道歌注》。彦琪自序写于绍圣丁丑年（1097）夏，另有天倪后序。据记载，有嘉定十二年建安虞人宣散位刊刻本。今存有明弘治十七年（1504）释如卺刻本，国图、天津、浙江有藏，2 册，中国国家图书馆网上可阅览；明刻本，中国科学院藏；北大藏清刻本 1 册；日本宽永十九年西村又左卫门刻本，关西大学藏；日本有延宝三年（1675）孟秋洛阳住二条通书林三隐堂刊本，书名为《首书证道歌》；日本蓬左文库存有江户年间刻本；又有清光绪年间京口丹徒李培桢刻本，天津、上海、南京、国图有藏。

宋释知讷述《证道歌注》。知讷有自序，绍兴十六年（1146）写于苏州灵岩寺；又有苏州梅汝能后序，撰于绍兴丙寅（1146）年；还有妙空弟子德最的题记。收入《续藏经》。释知讷，号妙空，秀州崇德人。历住天宁、灵隐、慈圣、灵岩，晚诏住径山。梅汝能后序讲到《证道歌》"盛行于韓偈道時，心藏無價珍。無價珍，用無盡，利物應機終不吝。三身四智體中圓，八解六通心地印。上士一決一切了，中下多聞多不信。但自懷中解垢衣，誰能向外誇精進。

從他謗，任他非，把火燒天徒自疲。我聞恰似飲甘露，銷融頓入不思議。觀惡言，是功德，此即成吾善知識。不因訕謗起怨親，何表無生慈忍力。

宗亦通，說亦通，定慧圓明不滯空。非但我今獨達了，恒沙諸佛體皆同。獅子吼，無畏說，百獸聞之皆腦裂。香象奔波失卻威，天龍寂聽生欣悅。

遊江海，涉山川，尋師訪道為參禪。自從認得曹溪路，了知生死不相關。

行亦禪，坐亦禪，語默動靜體安然。縱遇鋒刀常坦坦，假饒毒藥也閒閒。我師得見燃燈佛，多劫曾為忍辱仙。

幾回生，幾回死，生死悠悠無定止。自從頓悟了無生，於諸榮辱何憂喜。入深山，住蘭若，岑崟幽邃長松下。優游靜坐野僧家，閴寂安居實蕭灑。

覺即了，不施功，一切有為法不同。住相布施生天福，猶如仰箭射虛空。勢力盡，箭還墜，招得來生不如意。爭似無為實相門，一超直入如來地。

但得本，莫愁末，如淨琉璃含寶月。既能解此如意珠，自利利他終不竭。江月照，松風吹，永夜清宵何所為。佛性戒珠心地印，霧露雲霞體上衣。

降龍缽，解虎錫，兩鈷金環鳴歷歷。不是標形虛事持，如來寶杖親蹤跡。不求真，不斷妄，了知二法空無相。無相無空無不空，即是如來真實相。

心鏡明，鑒無礙，廓然瑩徹周沙界。萬象森羅影現中，一顆圓光非內外。豁達空，撥因果，莽莽蕩蕩招殃禍。棄有著空病亦然，還如避溺而投火。

捨妄心，取真理，取捨之心成巧偽。學人不了用修行，真成認賊將為子。損法財，滅功德，莫不由斯心意識。是以禪門了卻心，頓入無生知見力。

大丈夫，秉慧劍，般若鋒兮金剛焰。非但能摧外道心，早曾落卻天魔膽。震法雷，擊法鼓，布慈雲兮灑甘露。龍象蹴踏潤無邊，三乘五性皆醒悟。

雪山肥膩更無雜，純出醍醐我常納。一性圓通一切性，一法遍含一切法。一月普現一切水，一切水月一月攝。諸佛法身入我性，我性同共如來合。

一地具足一切地，非色非心非行業。彈指圓成八萬門，剎那滅卻三祇劫。一切數句非數句，與吾靈覺何交涉。不可毀，不可讚，體若虛空勿涯岸。不離當處常湛然，覓即知君不可見。

取不得，捨不得，不可得中只麼得。默時說，說時默，大施門開無壅塞。有人問我解何宗，報道摩訶般若力。或是或非人不識，逆行順行天莫測。

吾早曾經多劫修，不是等閒相誑惑。建法幢，立宗旨，明明佛敕曹溪是。第一迦葉首傳燈，二十八代西天記。法東流，入此土，菩提達磨為初祖。六代傳衣天下聞，後人得道何窮數。

真不立，妄本空，有無俱遣不空空。二十空門元不著，一性如來體自同。心是根，法是塵，兩種猶如鏡上痕。痕垢盡除光始現，心法雙忘性即真。

延祐丙辰夏四月
吾衍為吉父書
興趙孟頫鄜龍
光大司徒鮮軒
禪師書

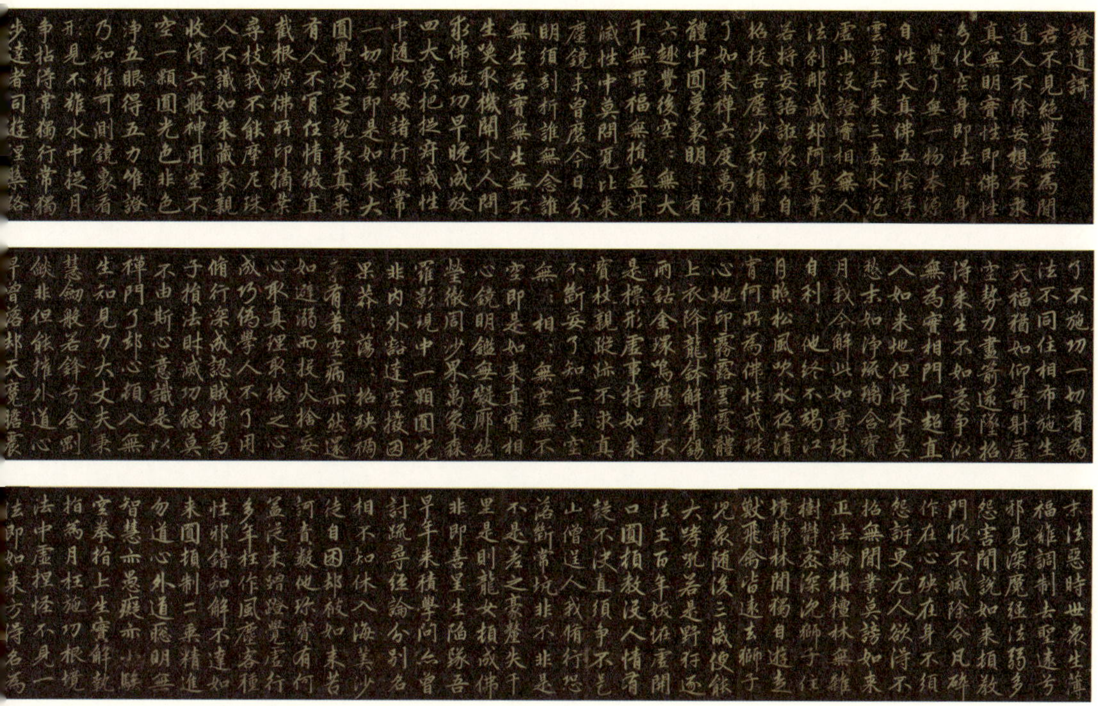

▲永嘉大师的《证道歌》流传很广，而且历代书法家抄录这部经典，又产生了多部书法佳作。图为赵孟頫书《证道歌》。

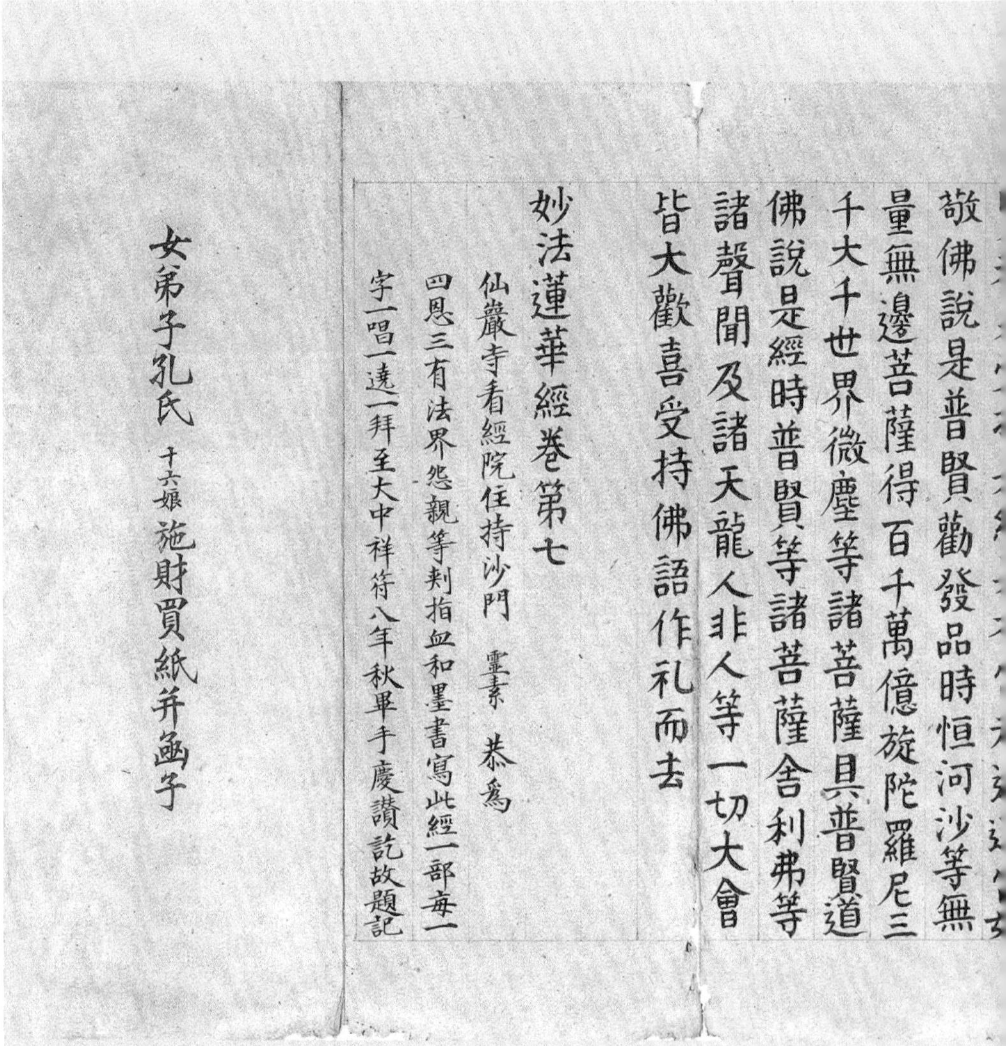

敬佛說是普賢勸發品時恒河沙等無
量無邊菩薩得百千萬億旋陀羅尼三
千大千世界微塵等諸菩薩具普賢道
佛說是經時普賢等諸菩薩舍利弗等
諸聲聞及諸天龍人非人等一切大會
皆大歡喜受持佛語作礼而去

妙法蓮華經卷第七

仙巖寺看經院住持沙門　靈素　恭為
四恩三有法界怨親等刾指血和墨書寫此經一部每一
字一唱一遠一拜至大中祥符八年秋單手慶讚訖故題記

女弟子孔氏 十六娘 施財買紙并函子

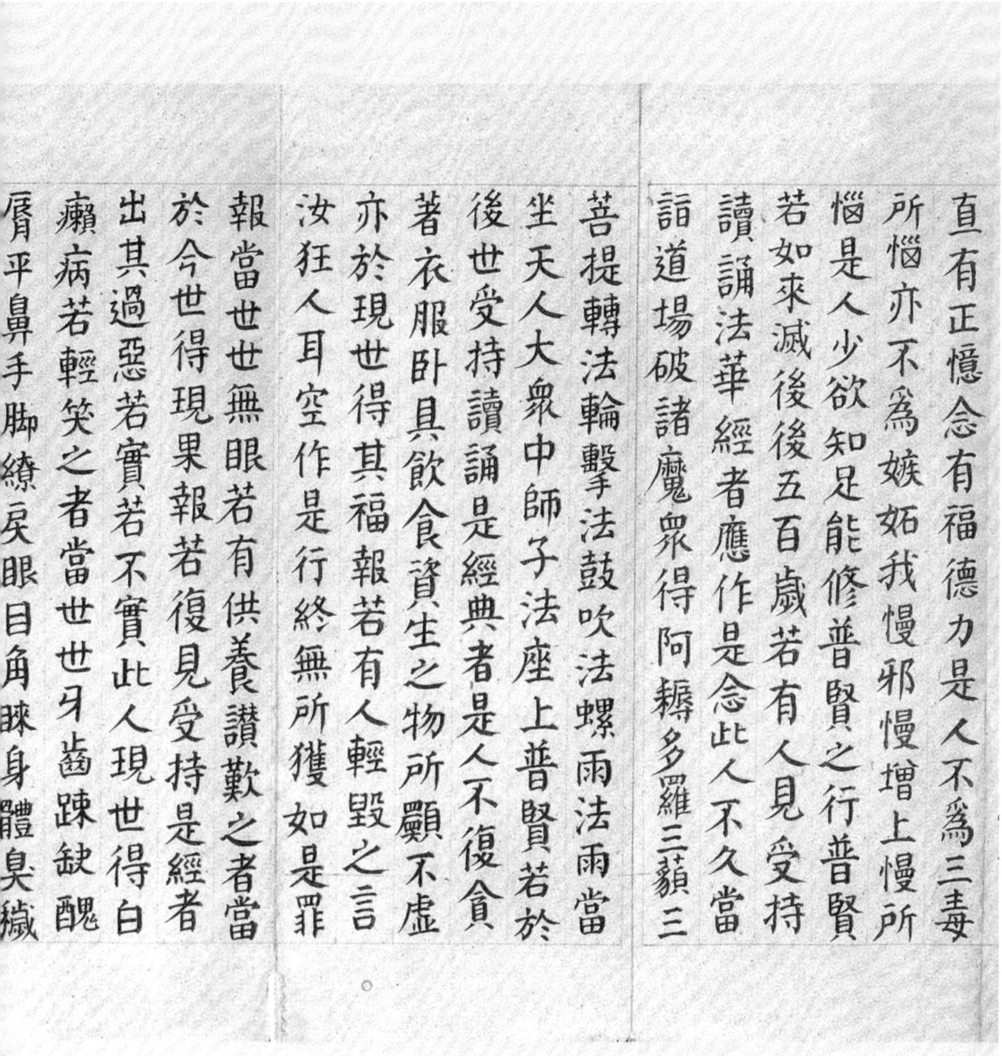

直有正憶念有福德力是人不爲三毒
所惱亦不爲嫉妬我慢邪慢增上慢所
惱是人少欲知足能修普賢之行普賢
若如來滅後後五百歲若有人見受持
讀誦法華經者應作是念此人不久當
詣道場破諸魔衆得阿耨多羅三藐三
菩提轉法輪擊法鼓吹法螺雨法雨當
坐天人大衆中師子法座上普賢若於
後世受持讀誦是經典者是人不復貪
著衣服卧具飲食資生之物所顧不虛
亦於現世得其福報若有人輕毀之言
汝狂人耳空作是行終無所獲如是罪
報當世世無眼若有供養讚歎之者當
於今世得現果報若復見是受持是經者
出其過惡若實若不實此人現世得白
癩病若輕笑之者當世世牙齒踈缺醜
脣平鼻手脚繚戾眼目角睞身體臭穢

▲ 从瑞安慧光塔出土的北宋手写经卷，可
见写经字体的变化。该变化明显受到了
宋代雕版印刷的影响。这种字体，也就
是沿用至今的"仿宋体"。

▲ 温州目前现存三座宋代佛塔，
图为其中之一的龙湾国安寺佛
塔及其佛像构件。

世。后有梵僧，传归西天，谓之《证道经》，人人受持，如中国之持《金刚经》也"。

南宋释印肃，号普庵，袁州宜春人。宋高宗绍兴十二年受戒，二十三年（1153）主慈化寺，在今宜春市袁州区慈化镇。撰有《普庵印肃禅师语录》3卷传世。印肃作《颂证道歌》并引，颂赞268篇。序言写于隆兴二年（1164）七月晦日。印肃颂收入《续藏经》。

从存世注释本，可见证玄觉著作在宋代的传播。《证道歌》风靡民间，人人受持，"往往乳儿灶妇亦能钻仰此道，争诵遗章断稿"（释知讷《证道歌注·序》），流布之广泛，影响之巨大，可见一斑。玄觉在宋代受到普遍的欢迎，与他主张积极入世和歌行的表达形式通俗有关。而佛教的兴盛，又与平民文化的兴起有关，根基似是生存压力，为的是"众生之生"，乃"治生即道"也。

另，《永嘉集》有宋释行靖注本，中、日、韩多地藏有明清时期刊刻的《永嘉集》31种，如正德十五年（1520）六月朝鲜庆尚道安阴县地智牛山长水寺重刊；清华大学图书馆藏正德十三年（1518）释真聪刻本；嘉靖四年乙酉（1525）孟夏全罗道顺天地母后山大光寺刻本；朝鲜中宗三十七年（1542）石头寺刻本；朝鲜明宗七年（1552）释王寺刻本，宣祖五年（1572）双溪寺刻本；嘉靖三十八年（1559）刻本，南京图书馆藏；日本驹泽大学藏有隆庆二年戊辰（1568）另一刻本，增"涵虚堂得道说谊"，卷首有得通述，卷末有五峰山人松月堂逸愚嘉靖壬子（1552）春二月跋记；驹泽大学又藏有康熙二十三年甲子（1684）覆刻本，朝鲜庆尚道蔚山云兴寺重刊。

文化交流史上的温州僧人

南宋时期，中国与日本的佛教文化交流再次较大规模地进行。赴日的中国禅僧有十多人，温州僧人大休正念是渡海赴日的中国禅僧之一。

释正念，号大休，原永嘉人。为临济宗传人。南宋咸淳五年（1269）夏天，大休乘商船东渡日本，孟秋抵达关东。这一年，正念已有 55 岁。他来到镰仓，受到建长寺住持兰溪道隆的隆重接待。日僧无象静照是正念参学石溪心月时多年的同门，给了正念一些帮助。北条时宗请正念住镰仓禅兴寺。当时的日本已进入镰仓时代。宋元禅僧兰溪道隆、兀庵普宁、大休正念、无学祖元、一山一宁等相继赴日，以镰仓为中心盛倡宋元临济禅风，奠定了日本禅宗的基础。禅宗传入日本，是古代中日文化交流史上的第二次高潮。宋元僧人在日本提倡的"持戒""护国"等思想，迎合了镰仓幕府维系统治的需要，也给处于诸侯交争、战乱不止局势下的日本民众以新的精神慰藉。于是，禅宗迅速在日本本土传播开来。

当时的镰仓有"五山"，依位次分列，为建长、圆觉、寿福、净智、净妙诸寺。大休正念在日本 20 年，为镰仓禅宗的发展作出了巨大的贡献。正念博通佛法，又善儒、道之学，主张三教一致，用佛教和儒家的思想来陶冶悟入禅道的日本武士的情操。正念在禅兴寺任住持四五年后，继兰溪道隆、兀庵普宁为建长寺第三世，继无学祖元为圆觉寺第二世，弘安癸未（1283）在寿福寺任住持，同一年曾被请为净智寺开山，后再任寿福寺住持。晚年在寿福寺内建"藏六庵"作为自己的寿终之地，自撰《圆湛无生铭》叙述自己一生行谊。正念谥号"佛源禅师"，其禅系称佛源派，也称大休派，为日本禅宗二十四流派之一。

圆觉寺最著名的建筑是其中的舍利殿。这是日本目前唯一保存完好的中世禅宗样式建筑，由正念主持修建。他还修建了禅兴寺的方丈、法堂、僧堂、橱库，重新修建火灾后的寿福寺。正念是镰仓时代第一个刊印禅籍并使之流布于日本的入日僧，最早尝试为五山版刊印开辟道路。五山版仿宋元版本，成为以后日本出版物的模范。正念传世著作有《大休和尚语录》6 卷。弟子嵰崖巧安、大川道通、东峰通川是佛源派高僧，都曾经担任圆觉寺或建长寺住持。正念的日本弟子古相弘 1319 年到中国，游历吴越，参谒名僧。正念分别于镰仓五山排在第一、二、三、四位的禅寺中担任要职，对寺院的发展功不可没。他在日本禅宗发展史与五山文学创建史上的地位，也是举足轻重的。

　　正念留下的墨迹与著作，是中日佛教文化交流史的见证之一。他留存在日本的墨迹有 11 件，被日本指定为重要文化遗产的共有 6 件。其中，正念弘安元年（1278）五月在寿福寺任住持时写给泰定居士的法语，全文800 余字，书法秀逸。书卷长 386.4 厘米，现藏镰仓圆觉寺藏六庵，昭和十一年（1936）五月六日被定为日本国宝（见日本文部省印行《国宝目录》第 96 页）。日本著名高僧虎关师鍊撰《元亨释书》，第八卷特为大休正念立传。

　　另一位值得叙述的是诗僧横川如珙。释如珙，一作行珙，号横川，原永嘉人。年十五受预戒于温州广慈院。往天童，以灭翁文礼为师，嗣为临济十七世。咸淳四年（1268），为临安府净慈寺首座，继领温州雁荡山灵岩禅寺；八年（1272），迁往雁山能仁禅寺；后移住明州育王山。古林清茂、明极楚俊等是他的弟子。如珙有《横川和尚语录》2 卷。门人住持雁荡山罗汉禅寺本光编集。刻本藏日本驹泽大学，又有元禄十七年（1704）活字排印本，亦藏驹泽大学，均为日本贵重书，又收入《续藏经》。另有日本五山刻本《横川和尚语录》2卷，传世，香港大学图书馆藏。

《全宋诗》辑录如珙诗2卷。如珙阐扬佛理，崇尚白话诗，率本天真，"眼见耳闻底皆清净性中流出"，如《雁山》："石龙滴滴鼻中水，二十名泉类莫齐。头白山翁贪漱齿，杖藜逐石过桥西。"雁荡山有刻石存。

横川如珙有至元二十五年（1288）仲冬书写的《与高上人主丈歌》墨迹，日本京都守屋孝藏，昭和十二年（1937）五月二十五日定为日本国宝（见日本文部省印行《国宝目录》第218页）。

横川如珙的弟子古林清茂，乐清人，别号"金刚幢"。19岁参横川如珙于雁荡山能仁寺。20岁往国清寺，作《拟寒山诗》三百首。至元二十年（1283），如珙迁往四明育王山，清茂应命前往随侍6年。清茂曾经在苏州，住持天平山白云禅寺，后迁往平江府开元禅寺。至大三年（1310）撰成《重拈雪窦举古一百则》。清茂两次奉圣旨开堂。仁宗赐号"扶宗普觉佛性禅师"。后任饶州永福禅寺（在今江西鄱阳县）住持。晚年到建康府住持凤台山保宁寺，在此8年，颇得居住于金陵的图帖睦尔（即位后称文宗）的尊敬，数次问道于清茂，刻印《般若心经》《高王观世音经》也请清茂作序。清茂的僧弟子达千人之多，其门称"金刚幢下"。其中嗣法有了庵清欲、仲谋良猷（住温州仙岩禅寺）、竺仙梵仙等。

宋元时期温州人留存日本的墨迹41件中，共有15件被指定为日本重要文化遗产，其中4件为日本国宝，另有1件为重要美术品。其中宋僧横川2件，大休11件，元释古林25件（含题跋1件），仲谋2件，弟子所写古林碑文1件。这些墨迹，也是宋元时期中日文化交流历史的重要见证。

通过以上对温州宗教文化发展历程尤其是传世见证物的叙述，首先我们看到了道教对古代温州人的影响。道教的生命意识很强，其基本宗旨是"延年益寿，羽化登仙"。道教曾经深入底层民众之中。从总体上看，古代温州人受道教影响较深，重智慧，重技巧，重养生。同时，文化交流中留下了不少见证物，我们看到，两宋时期多种宗教文化在温州交汇融合，从一个方面逐渐形成温州文化的多样性。文化多样性，是温州文化对外交流、碰撞的结果，也正是温州文化张力与创造性的基础之一。

衣食住行　民生丰裕

在一项"如果能穿越，你要到哪个朝代？"的趣味调查中，近八成的人选择了宋代，可见宋代的魅力之大，其百姓生活幸福感之强。温州在南宋时期被称为"次辅郡"，居民衣食富足，讲究生活美学，注重物质生活和精神生活的协调，形成了具有浓厚地方特色的风俗。

▲ 一千多年来，温州人吃海鲜的饮食习惯似乎没
有改变过。图为温州朔门古港遗址出土的南宋
贝壳标本。

宋代温州人口密集且以移民居多，城区居住有"十万人家"。居民除读书出仕，多从事农渔生产、百工制造、商贸等工作，所谓"其货纤靡，其人多贾"，从而推动城乡商品经济、市镇发展。街头"高车大盖、填巷塞途"，民众"冠裳履服"，港口码头常有舶来品售卖；酒楼食肆遍布，以稻米、海鲜鱼类为主材料的清淡温州菜已具雏形。在较为丰裕的物质基础上，居民生活相对闲适，文化娱乐、休闲活动得以进一步丰富。城区公用娱乐设施如公园、瓦舍齐全，民间体育运动项目活跃。

食物：奢俭自如

宋之前百姓通行一日两餐，分别为"朝食"和"晡食"。宋代随着社会财富积累，百姓慢慢向一日三餐过渡。但多数人的饮食习惯仍为一日两餐，中午添加点心水果或晡食后增加夜宵。

百姓主食以稻米为主，兼有麻、粟、豆、麦等。温州种植的稻种主要有占城、软秆等优良品种；麻可分胡麻（亚麻，可饭）、油麻（榨油）、大麻（可制作奶酪。据耐德翁《都城纪胜·食店》，理宗时，奶酪面每份价格五百贯）；粟（粱米）有籼、糯数种；豆的品类较多，果实有红白紫褐黑五色，有白扁豆、刀豆、蚕豆等；麦则分大麦、小麦。在饮食上，有粥、饭、糕点、茶食及羹、汤、糜等各类食物可供选择。后随着北人南下增多，朝廷鼓励扩大规模种植麦类作物，"农获其利，倍于种稻"（庄绰《鸡肋编》），温州人的面类主食占比增大。

"豆粟兼晨炊"，豆类加小米是诗人徐照家的早餐主要粮食，应该也是当时清贫之家的"晨炊"主食。第二顿"晡食"则多以饭为主食，菜肴也相对丰富。

按这样的主食标准，当时普通百姓人均一天要消费多少粮食？据程民生《宋代物价研究》，当时东南（宋时多指两浙、福建、江东、江西、淮南、湖北）人家"常食百合斗，一餐人五合可也"，一天两餐即一升，加上午餐所需的点心，人均一天口粮约在一升半。宋代温州粮价较平的年份如吴泳《鹤林集》卷二十三《通守陈公传》载，淳祐元年（1241）"目今米价，每升正是四十见钱，比之台、处诸州，米价最下"。

温州"海育多于地产"，主食之外，居民饮食结构中羊、鸡、鸭、鹅等肉类所占比例较小，渔业产品是主要菜品来源。温州造船技术领先，使本土渔船在抗风、远航方面有了一定保障，渔业生产也随之变得先进。当时所得的渔产品除供应居民餐桌外，还通过水运销往周边城市及京城市场。为便于保存，远销海鲜鱼类等被制成虾干、鱼鲞等干货出售。温州人爱吃的海产品，还大量择优作为贡品供应皇家。如从唐代开始就有鲨鱼皮作为土贡的多次记录。到宋代，鲨鱼皮仍是贡品，被皇帝奖赐给朝廷功臣要员。此外，宋代温州其他海鲜贡品不少仍是现今温州人餐桌上的"常客"：石首鱼、水母线（海蜇）、虾米、鲻鱼、壳菜（贻贝）、龟脚、鳖鱼、鲈鱼、鳗鱼、黄鲫鱼、石发菜（海藻）、龙头鱼、鲥鱼、曲嘴、梭子蟹等。宋代温州居民还喜欢吃西施舌、沙噀、乌贼、蟢蛑、紫菜、海月、石帆、海苔、章巨、蛤、蚶、蛏、螺、虾、鲳鱼、带鱼、凤尾鱼及各类淡水鱼。在新近发掘的温州古港码头遗址沉船中出土有牡蛎、瓜子蚶、毛蛤、钉螺（已去尾）等多种海产品的贝壳。海鲜类的烹调方式多样，有清蒸、酒蒸、油炸、鲜炒、糟腌（鲊）等。

居民时常食用的蔬菜，有菘、芥、菠菜、苋菜、萝卜、木耳、金瓜、八棱瓜、冬瓜、秋瓜、笋、茭等数十种，几同现代温州人餐桌上的菜蔬（不包括红薯、玉米、番茄、辣椒等作物）。吃辣的居民可添加木姜、韭菜酱、大蒜等调味。另外，如今温州人喜欢吃的豆芽，从宋代开始已出现在百姓餐桌。

水果有梅、桃、李、梨、安石榴、枇杷、杨梅、樱桃、林檎、葡萄、荸荠等及柑橘大类等，不胜枚举。点心方面则有各类油炸、油煎米面食品，精致茶食、糕点（包括汤圆、蒸糕、糖糕等）。

宋代不少温州百姓已用上铁锅，菜肴烹调也从以蒸、炖、煮为主，开始出现炒菜。以海鲜鱼类为主菜、整体口味清淡且制作精细、对器具美感有一定追求的南食温州菜始露端倪。

从吃饱、吃好，到追求养生，宋元时期温州还流行胡麻饭、药粥之类的"养生餐"。"明朝尘土芙蓉路，犹忆山僧饭一麻。"元代温州人李孝光曾在雁荡山寺庙里吃过胡麻饭，令他记忆深刻。胡麻，即亚麻，被奉为佛教仙品，与饭同煮除了出于佛教因素，也因为其养生长寿的功能，所以很快从庙宇走向百姓家。此外民间的养生粥品繁多，如杂粮粥、莲子粥、桃仁粥，以及添加药材的功能药粥等等，均为百姓喜爱的食品。

酒茶：怡情遣趣

经济发展促使饮食消费场所增多，一般酒肆饭店里，用餐价格似乎并不昂贵。宋代洛阳十文钱可买一碗羹，南方饭店十文钱可买到一碗鳝鱼。宋代温州城区酒楼食肆较多，知名的有位于城区康乐坊的挟海楼、百里坊的八仙楼等。这些建筑瑰丽宏伟的专业饮食场所，为招徕顾客，常常挂画熏香，装点华丽，成为百姓生活重要组成和一方地标，如八仙楼至今仍是那一带沿用的地名。

宋代流行宴饮，酒的消费市场较大，城乡人烟辐辏处的墟市多有酒坊

▲ 赵孟頫摹宋画《斗茶图》。

设立。酒有小酒也有大酒，所谓小酒即从春到秋酝成即卖，宋太宗时官酿价格每斤五到三十文；大酒是冬天酿下到第二年的夏天售卖，价格每斤在八到四十八文一斤（《宋史·食货志》）。宋代禁止私酿（或半合法化），但民间仍有较多私家酒坊，叶适说"私酤官卖各生春"。私酤价格往往便宜些，温州人周去非在《岭外代答》中提及，宋孝宗时诸处道城乡路边有卖"豆腐酒"，通常花十四文就能买到一碗酒，外加一碗下酒的豆腐羹。

酒和茶一样，都是政府官卖的紧要物资，是国家税收重要来源。熙宁年间温州酒课（税收）多达"五万贯"，与宁波相同。当时卖酒较为知名的本土店家，有"作玉泉""东店"等商号，温州曾出土有上述两家店铺的酒瓶;被卖到南宋行在临安市场的温州酒,有"清心堂""丰和春""蒙泉"等品牌,见载于宋周密《武林旧事》。

茶在宋代是国饮。"茶之为民用,等于米盐,不可一日无也。"(王安石《临川先生文集》卷七十《议茶法》)永嘉、乐清、瑞安、平阳等地都有茶叶出产的记载。南宋温州是两浙一带主要的茶叶生产基地。据《宋会要辑稿》载,绍兴三十二年(1162)温州各地产茶数额为:"永嘉、平阳、乐清、瑞安五万六千五百一十一斤。"当时的松台山、仙岩山、雁荡山等均有优质茶叶出产。北宋许景衡曾邀友"同试仙岩雨前茶",永嘉四灵诗人中最爱喝茶的徐照,说松台山"片山唐国赐,茶有数根留"。

当时温州出产的主要茶产品有片茶、散茶,以片茶质量居上。片茶是经蒸芽、压黄等多项工艺制作而成。宋神宗年间(1067—1085),温州片茶中号价格在一百六十五文一斤;散茶级别较低(第五等)的仅八文一斤。

宋人泡茶不叫泡茶,叫"点茶",大致流程如下:掰取适量茶饼经微火炙干,用茶碾(银制最佳,其次为熟铁)碾成细末(不够细的话,再用茶磨磨),过筛待用;水开之前,将茶盏放火上烤,使温度升高助茶香持续发散;"烤盏"完毕,放入适量筛过的茶末,加少许沸水调膏(成胶状),再注入适量沸水,用茶筅(竹制)"还回击拂";再注水、击拂,重复七次后点茶才算完成。

点茶之后,闲适有情调的文人士大夫,开始斗茶。最初斗的是茶香、茶味,后又升级到斗色、斗浮。也就是说从比谁点的茶更香、味更醇,到比谁的茶色更白、茶沫更细致持久。斗茶的茶盏,宋代较流行的是广口厚壁黑釉盏,温州窑也有烧制。色黑可显茶色洁白,壁厚可保温使茶香发散长久,因此在宋徽宗亲力推荐下,黑釉盏受到文人追捧。

宋代温州诗人或多或少都留有描写茶的诗句,其中四灵留有五十多首

▲ 南宋建窑黑釉金丝兔毫纹瓷盏，
温州朔门古港遗址出土。

茶诗，民众斗茶、吃茶的流行程度可见一斑，也表明宋代温州人的生活已走向闲适。

服饰：低调奢华

闲适的生活，使多数人脱离了繁重的劳动，他们对于衣着更为讲究。儒家思想曾强调"为礼而饰"，使服饰具有"昭名分、辨等威"的功能，宋代这种制度则被慢慢淡化，各阶层服饰尤其是女装趋向统一。

男女服饰在色彩、款式、装饰等方面一改前朝的艳丽、夸张风格，整体趋向素雅、含蓄、内敛，以自然舒适的简单款式为主，有理性美的同时更强调实用性。这既是当时士大夫审美意识的引导，也与朝廷倡导及本土"事功"思想影响有关。

在棉花种植引入温州之前，百姓的衣、裳、裤、鞋、袜等，均以纻、麻、葛等布料为主，色彩素净清淡；官宦、贵族、富户常以绢、纱（轻者为罗，皱者为縠）、绸、绫、罗、帛为主料。男性成人上衣款式有圆领、交领、对襟等，用盘纽和系带固定；裤有开裆裤、满裆裤、胫衣、裙裤等，色彩多见低饱和度的黄、褐等。这也可以黄岩赵太祖七世孙墓葬中出土的数十套丝质宋服为证。而各阶层女性的服装多为襦、袄、褙子、广袖袍、背心、裤、裙、抹胸、围兜等（据1975年福州南宋黄昇墓出土衣物）。

宋代温州"地不宜桑而织纴工"，织出来的布、绢等质量上乘，出产的细纻布、温绸、缂丝等纺织品闻名遐迩，远销其他城市，如细纻布，绍兴年间曾被销售到扬州。其他丝织品如温克丝（缂丝、刻丝），虽由于用料讲究、工艺复杂、生产工期长等因素，价格昂贵，但因名气在外，有钱人家仍愿意买来做件好衣裳。"温克丝之名遍东南，言衣者必资焉。"服饰上

▶ 温州人对于衣着历来讲究。图
为温州城郊白象塔出土的北宋
团窠红罗双面绣经袱。

的花纹以低调雅致为主，如南宋小品花鸟画登峰造极，也被采用到丝织品上。菊花双蝶、缠枝葡萄纹、莲花纹、云鹤、多宝等图案，绫、罗、绸等衣料上常见，受到士大夫等衣品较高人群的青睐。当时温州种植有红花、蓝草、茜草等药材兼印染原料，可用于丝线或丝织品的染色处理。北宋时温州种植蓝草已成固定职业，当时城区的胡氏即以栽靛为业。

宋代妇女金银饰品已从前朝的贵族特有走向平民化，小康之家妇女头饰往往也要花上百贯左右。温州近年出土有数批宋代墓葬、窖藏文物，其中包括诸多做工复杂、造型精巧的女子首饰，如钗、钏、镯、戒指等，材质有纯金、纯银，也有银质鎏金。

除了佩戴金银首饰，宋代贵妇和士大夫对焚香、熏香、佩香的需求几乎也是历朝之最。温州曾出土有与西亚大食国蔷薇露玻璃瓶造型类似的蓝色雕花玻璃舍利瓶，属海上丝路进来的舶来品。在蔷薇水启发下，宋代温州人学到了大食蒸馏技术，他们利用随处可见的柑花如朱栾花来制作香水。

温州港在建炎年间被皇帝赵构辟为对外商贸口岸，海航往来，不仅带来西亚等地的香水蒸馏法，还由此引入乳香、沉香、檀香、龙脑、麝香等香药，除制成合香外，也广泛用在医师处方中。永嘉医派代表著作《三因方》里，就有不少这方面的药方。

住宅：诗意栖居

宋时温州城区民居以草房、瓦房为主，间有楼阁。学者周行己有"下瞰千瓦居，飘渺见高楼"，虽属文学描写，但也反映了一定的事实。又因人口密度较大，居民住房面积比较有限。据乾道年间温州城区发生大火时，知州上报灾情的数字，可大致推测户均面积："今两日所烧，共一千一百八十五家，茅、瓦屋相间，计一千九百五十余间。"按这个数字，温州城区当年街上商户户均为 1.6 间。城郊每户间数比城区稍多。陈傅良叔祖陈绎，宋孝宗年间去世时有"旧屋三间"。再看元代温州人王振鹏《江山胜览图》中所绘的瑞安县到城区近郊一带的乡间建筑，如草屋、瓦房等民居，也多为三五间，以"一字形""丁字形"等模式排列。

相对于女子服饰方面阶层的模糊，宋代对民居在规模（宽度）和纹饰等方面却有较为严格的规定和控制："凡民庶家，不得施重拱、藻井及五色文采为饰，仍不得四铺飞檐。庶人舍屋，许五架（清代建筑五架屋进深为4.2~4.5 米——编者注），门一间两厦。"也就是说，民居建筑基调是比较朴素的。官邸的面积则比普通百姓大了数十倍，有三十至一百间，大多为多进大院落庭院之制，有的设置庭院园林，布以奇石亭廊、嘉木名花，营造"咫尺山林"景观。

古城格局东市西居，城西一带的雁池、松台山风光旖旎，被翁卷称为"城中最佳处"。城外西湖（会昌湖）一带是士大夫致仕归乡营建别墅的所在。周行己之父周泳有峙岩墅，待制陈谦、陈余师建有水云庄、桂隐庄别业，薛峋有"渔村墅"等十多处别墅。另城东花柳塘一带水系，也是文人喜爱的地方。宋代温州人潘希白为南宋理宗宝祐元年（1253）进士，就在这里卜筑居所，常举行雅集，泛舟花柳塘。文人墨客留下大批诗文，是宋时温州人民诗意栖居的另一见证。

城区建筑用料讲究，耗费钱财较多的大多是公共建筑。《全宋文》引遂昌人龚原文章《新修双塔庙记》，熙宁期间城区开元寺前殿连同重建的五层塔，历时五年完成，花费三千多贯，这大致是一个南宋小康家庭一年的收入（北宋小康家庭每户年收入约为一千贯，南宋在三千到一万贯）。该寺在未毁于火灾前，"屋以里数，门阁高百三十尺，旁翼二台，千佛阁在其后，高又过之……不独为一郡巨丽也"（叶适《开元寺千佛阁》）。此外，另有石材垒成的石殿、石塔等建筑，也是构建精美、规模宏大。其中瑞安圣井山石殿始建于南宋景定元年(1260)，是温州现存规模较大、年代较久且保存相对完整的一处石构建筑。另外，坊门、楼、阁等也受到重视。城区修缮一新的数十座坊门"博栋竦楹，翼以楗础，飞榱延橑，被之藻彤"（戴栩《永嘉重建三十六坊记》），坊门的建筑高大宏伟、装饰华丽。其他如"两庑旁翼，三闼洞开"的城东江山胜概楼、"层檐翼然，轩窗敞豁"城西思远楼等公共景观楼阁，均规模宏大、气势雄伟。另外，府学、县学、书院也是宋代温州亮丽的建筑。

城区之外，温州现代村落格局已初步形成。百姓聚族而居，一村一姓或一村数姓是宋代以来农村特征；后又发展成村村有祠堂，且以祠堂为一村之象征、一村之地标。古代温州交通不便，地理位置较为封闭，建筑风格更换较慢，如今仍能保留宋风的，也多是这些古村落。

出行：水陆通行

温州东面大海，航海可达海外诸国；北距当时北宋首都汴京（今河南开封）陆行三千八百多里，水路四千多里。

当时汴京有四条河流沟通全国，粮食等物资的运送多依赖于斯。其中通过汴河、通济渠，可前往扬州、苏州、杭州，再从运河（北宋称运河，南宋称浙西运河，后人称江南运河）、浙东运河（杭甬运河），经绍兴达宁波。这条北下的漕运线路，沟通江南鱼米之乡、富庶之地，或许也连接起温州学子与北宋最高学府的太学的关系。

宋神宗元丰间(1078—1085)，太学扩招，也迎来不少温州学子求学，

▲ 温州城乡河道纵横，居民出行多依赖舟楫。这种状
况直到改革开放之前还保持着。

其中有周行己、许景衡、刘安节、刘安上、蒋元中、沈躬行、戴述、赵霄、张辉等九人。他们到京城学习新学及伊洛之学，常有独到的见解，引起世人关注，被称作"元丰九先生"。这是温州地域文化团体第一次走向全国。从而，游学交友成为部分学子的选择。

温州北上省城等地路线中，以两条驿路（每隔一段距离设置驿馆、旅舍服务行人）较为重要。一为从城区乘船上溯瓯江（途中设有白沙驿）到丽水，陆行五十里括苍古道到缙云，再从仙缙古道（缙云到仙居）经台州、绍兴等地，抵达钱塘。这是当时朝廷命官南下温州、福建等地赴任的主要通道，有官道之称。道路多处山间，岭高峰险，崎岖难行。另一条陆行路线是从乐清过台州、宁海、奉化、宁波、绍兴等地，再到达杭州西陵驿。

从上述两条路线南下的官员可从温州城区经"南塘驿"，从温瑞塘河乘船或从石塘陆行到瑞安、平阳，再前往福建等地。南塘驿及百里石塘是淳熙十三年（1186）知州沈枢筹资重修，南北行人多经此地，一时"水行御舻，陆行蹑踵"。

温州城乡河道纵横，居民出行多依赖舟楫。城区瑞安门外有小南河，连南塘，通花柳塘、东濠河（今环城东路），过涨潮头入东门浦；西接会昌河三溪之水，过永宁桥连接城区河道；城内"楼台俯舟楫，水巷小桥多"：新河（信河）纳七十二水巷，"远坊曲巷，皆有轻舟至其下"。城西有西濠河（九山河）、落霞潭、放生池等，北面瓯江汇城中诸水入海。城乡居民"舟楫为马"，欸乃穿行。

河多桥自然也多，《永嘉县志》载，温州城里城外曾有大小桥梁四五百座，其中新河（今信河街）水系就有近百座。如今随着城市建设，昔日河流被填埋，桥梁也大都消失，但部分桥名仍被老温州津津乐道。遗留至今的宋代桥梁，以石桥为主、梁桥为多，分散在辖境各地乡间，共有五十多座。

娱乐: 歌舞升平

温州历来"尚歌舞",民间表演(百戏)种类杂多。1985年,在瑞安塘下场桥龙翔寺出土有三国青瓷百戏堆塑罐,上塑舞蹈、器乐、杂耍等人物三十多个,其中器乐有弹琴、弹琵琶,杂耍如倒立、叠罗汉,武术项目有拳击,栩栩如生地再现当时温州百戏的丰富多彩。到宋代,在经济越加发达的温州,民间表演更是盛行,滑稽、戏谑、傀儡戏(民间称木头戏儿、串客)、皮影戏、口技、爬杆、高跷、抛接帽、跳索(走索)、扑旗(旗)等常见。民间艺人吟唱的里巷坊曲较多,有《东瓯令》《采桑歌》《台州歌》《鹅鸭满渡船》《赵皮鞋》《吴小四》《豆叶黄》等,灯词有《玩仙灯》,船歌有《倒拖船》《川拔掸》,《哭岐婆》则是丧葬时的挽歌。各类艺人多集中在瓦子等娱乐场所,有的有专业"编剧兼导演"来倒腾戏文、翻演故事,再以温州方言、滑稽等进行接地气的表演,颇能吸引观众。

"大抵诸酒肆瓦市,不以风雨寒暑,白昼通夜,骈阗如此。"这是关于北宋东京街头娱乐场所的记载。所谓瓦市,即普通居民喜欢逛吃、购物消遣的相对固定的场所。里头搭建有勾栏,可上演各类曲艺、杂耍等项目,消费水准平民化。温州城区的竹马坊、康乐坊,分别有"瓦子前巷口桥""瓦子后巷口桥"等桥梁,瓦子即瓦市,如今城区有巷即称"瓦市殿巷",古时设有"综合游艺场所"。

相对瓦子勾栏的俗世繁华,"众乐园"相对雅致。这是公园性质的游乐园,位于城区府城隍殿附近,也就是如今广场路扬名坊一带。《永嘉县志》引《明一统志》:"(众乐园)在郡城西,旧郡治北,纵横数里,中有大池塘,亭榭棋布,花木汇列,宋时每岁二月,开园设酢,尽春而罢。"这处定

▲ 王振鹏《江山胜览图》被称作温州的《清明上河图》，是宋元时期温州人社会生活的百科全书。

时开放的"公园"，占地面积不小，亭台楼阁、小桥流水、四季花木齐备，每年二月开园，士女结伴游园踏青、宴饮游戏，赏玩春光。

新近温州出土有两枚陶制圆形球体，直径四五厘米，上绘花纹。这是宋代流行的体育运动"捶丸"中的"丸"。温州出土的这两丸直径偏小，考古专家认为是供儿童捶丸之用。

捶丸被今人称为"宋代高尔夫球"，是在一定规则下以棍棒击"丸"入洞的体育项目。击打陶丸的捶棒有三种，具不同功能。"撺棒"适合打地滚球，扑棒、杓棒为打远球、打高球时所用。三种不同功能的棒子交替使用（运动中需携带篮子或革囊装捶棒），将球击入插有旗子的球窝里。捶丸深受百姓喜欢，元代有人创作了全面介绍捶丸的《丸经》一书。

除捶丸之外，宋代温州百姓喜爱的体育活动，较常见的还有击壤、跳竹马、投壶、棋类、蹴球、秋千、角力、武术等。

温州城乡流行的"骑竹马"项目，是将竹竿放在胯下当马、骑着来回奔跑、游戏。投壶是将竹箭等物什，投入一定距离外的壶内。有没有投中、投中几枝有专人记录以便奖惩。投壶常伴音乐演奏，是宴饮场所比较流行的活动。秋千则多属女性喜爱的"体娱"项目。其他如棋类、蹴球等活动，民间受众较广。

宋代温州蓬勃发展的还有武术、角力等活动。特别是武术方面，出了三四百名武科进士、十几位武状元；角力竞技方面，温州人还有"打擂"冠军的纪录。"若论护国寺南高峰露台争交，须择诸道州郡膂力高强、天下无对者，方可夺其赏。"这是南宋行在临安护国寺附近常设的全国性角力擂台，各州县"大力士"均可参赛，获得第一名的有奖赏。《梦粱录》载，宋理宗景定年间（1260—1264），温州人韩福参赛并获得角力冠军，获得旗帐、彩缎、马匹等奖赏，还被补为"军佐"之职。

节俗：仪式庄重

生活需要仪式感。一年诸多节日中，宋代温州较为重视的有春节、立春、元宵、花朝、三月三祓禊、寒食、浴佛节、端午竞渡、七夕、中元、中秋，以及冬至等岁时节日。

元日（春节）是温州人最重要的日子，家家户户都要放鞭炮、穿新衣、拜亲访友；官员和士大夫要参加"行香"仪式。正月里各种祈求新年平安顺遂、劳动致富的龙灯活动，闹腾到元宵。之后的二月二，是从唐代开始形成的"挑菜节"，宋代这种习俗遍及朝野城乡。温州城区的众乐园从这一天开始开放，男女老少到各处挑选菜蔬食用，这既是寒冬之后的踏青，也是尝鲜，祈求一年有个好年景。

立春是二十四节气中的第一个节气。宋代立春日鞭春牛（用柳条等抽打泥牛）是重要的一项活动，预示着春耕要开始了。温州人这一天要用"春柴"烧火盆（燀春），以助蛰伏一冬的阳气升腾；再用各类豆子、红枣等煮成春茶食用。

三月三上巳节，是居民出游的盛大节日，尤其受到士大夫喜爱。这一天，士女均踏青水滨，祈求平安"祓除不祥"，即"祓禊"。南宋温州人郑伯英"一年春事才如许，又作明朝祓禊行"，叶适"净社倾城同禊饮，法明阖郭共烧香"，均以诗记录当时的情况。东晋大书法家王羲之在绍兴兰亭所写的《兰亭序》，也是这一天在水边流觞祈福的记载。

清明前两天的寒食节，则是两宋时期百姓一年中最要紧的祭祀节日之一，不管皇家宗室还是普罗百姓，均要隆重祭祀祖先。南宋末温州诗人林景熙写有寒食祭诗歌数篇，其中有"犹记年时寒食祭，天家一骑捧香来"

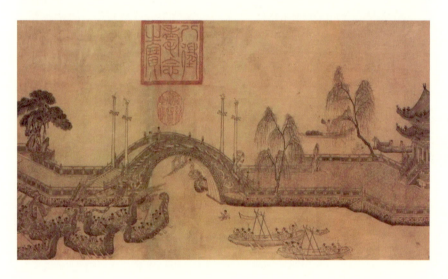

▲ 端午节赛龙舟，自宋以来延续至今（上）。

王振鹏《龙池竞渡图》（下）。

句。林景熙是瑞安府平阳县林坳（今属苍南）人，同进士及第，曾出任泉州教授等职，宋亡不仕，归田故里。作为末代遗民，这首诗在回忆以往寒食节，宋帝派专使到绍兴皇陵祭祖的盛大情景，抚今追昔，难免感慨。

关于宋元时期温州城内最盛大节日的最知名的图卷，当数王振鹏《江山胜览图》。故宫博物院相关专家经考证，认为这幅画绘的是四月初八温州城乡举行浴佛节时的街头盛况。浴佛节又称"佛诞节"，是重要的宗教节日。这一天，僧俗两方均举行活动。画卷上可见从瑞安到城区的城乡街巷上，店铺、酒肆林立，售卖各类商品（鱼类、青团等）。城区东门码头附近，象牙等舶来品正在临时交易，有行商走贾叫卖雨伞、零食，还有军队巡游、贵族婚嫁场景，以及抛接帽、踩绳、杂技、蹴球、变把戏买药等各类杂耍，围观者众多；瓯江边百舸待发，候吉时祭奠海神后远航。这是一幅生动的宋元民生风俗图卷，也显示出当时的节日经济是多么繁荣。

宋代温州另一重大节日是端午。这一天百姓吃粽子、插菖蒲蒿艾，洒雄黄酒；阖城百姓空巷，打扮得漂漂亮亮，摩肩接踵前往会昌湖观看龙舟竞渡。文人墨客如叶适、卢祖皋均留下较多文字记载。七夕节温州妇女以彩线穿针乞巧，中元节合族设酒肴于祠堂追荐祖考，中秋团圆赏月，重九登高望远。宋代冬至的重要性几与元日相同，官府给予假期，以便阖家举行祭祀等仪式。腊月则有送灶神、换桃符、贴春联、放爆竹、点岁灯、吃分岁酒、守岁通宵等活动，均与现代节日所差无多。

传统节日带动民众游山玩水、野餐宴饮、购物消费，刺激了温州商品的进一步发展，也推动了社会经济、文化娱乐的进步。

第十二章

汴洛遗音 温州方言

王昉

温州方言是一种古老又有生命力的方言。其发展在南宋时期已经趋于完善，成为一种独立的方言。其语音体系与反映宋代语音体系的《广韵》高度契合。宋代戏曲、话本、诗词、笔记等语料中的词汇、语法等也有相当一部分保留到今天。温州方言因此具有非常高的学术研究价值，在汉语方言及古代汉语研究中具有重要的地位。

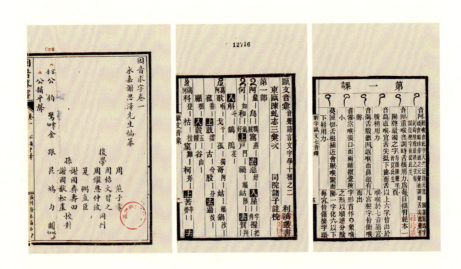

▲ 温州方言的丰富性，使得不少学者专事温州方言研究。图为温州方言研究著作《因音求字》《瓯文音汇》《新字瓯文七音铎》。

温州方言亦称瓯语，主要通行于温州市区（鹿城、瓯海、龙湾、洞头部分地区）及瓯江、飞云江流域。它是南部吴语的代表方言。温州方言具有鲜明的特点，以难懂著称，与普通话甚至周边方言都难以通话。很大一部分原因是温州地理上处于东南一隅，交通不便，因此演变较慢，至今古调悠扬。温州方言可谓汴洛遗音。

温州方言至迟在南宋时已形成

温州方言形成的时间，其上限暂时还不可考，但下限是比较清楚的。

温州地区古时生活着瓯越人，说的语言并非汉语。如汉代杨雄《方言》中记载的"东瓯、瓯越"地区相关词条："广大"叫作"参绥、羞绎、纷毋"，"为（作为）"叫"卬"。这显然不是汉语，而是更接近今天我国西南少数民族及东南亚一带的壮语、侗语、泰语等。温州地区纳入中央政府管理的开端应是在汉代。东汉顺帝永和三年（138），温州、丽水地区设立永宁县，将温州、丽水地区与台州地区分开。唐武德五年（622）从括州分置东嘉州，丽水跟温州也分开，温州成为独立的行政区划。唐高宗上元元年（674）定名"温州"。这段相当长的时间内，温州方言逐渐走上独立发展的轨道，温州方言形成的上限应在这段时期之内。

至迟到南宋时期，温州方言已经发展出了区别于丽水、台州地区的独立方言。宋末元初永嘉人戴侗所著《六书故》明确指出温州与台州、括州（丽水）的语音差别，如"人"，瓯人作"奴登切"，呼若"能"；而台人作"鱼邻切"。"作那"的"那"，瓯人作"奴谐切"，而台人合"作那"二字为"则皆切"，括人作"奴弟切"。《六书故》还记录了相当多的温州方言特征词语，如"灵喉"指喉咙，"乌狼"即河豚，"茭虱"系臭虫，"康螽"

为蚯蚓。这些特征词今天也还活跃在温州方言口语中。

现存最早的南戏《张协状元》一般认为是南宋时温州"九山书会"才人的作品，这个戏的丑角、净角、副末的说白中已使用了不少跟现代温州方言特点相同的语句，例如"老鼠拖个驮猫儿""二十四个月日没一人上门""你也忒吵""亚哥，有好膏药买一个归"等等，都已跟今天说法差不多。

《广韵》音系与温州方言

由上文可知，温州方言至迟在南宋时期已经形成比较固定的，独立于周边丽水、台州地区的语言体系。此后虽有一些发展，但基本框架近千年来几乎没有改变。这从温州方言与宋代韵书《广韵》语音体系的对比也可以看出。

《广韵》全称《大宋重修广韵》，北宋真宗大中祥符元年由陈彭年、丘雍等编纂，共收字二万六千余个，注释十九万字。仁宗景祐四年（1037），丁度、贾昌朝等又奉敕增修，收字增加到五万三千五百二十五个，成书改名为《集韵》。

韵书，就是将汉字按"韵"分类并释义的工具书，用于确定汉字的正确读音。隋代学者陆法言于仁寿元年（601）编纂成了一部韵书《切韵》。这本"论南北是非，古今通塞"的韵书问世后影响很大，进入唐朝后成为官方科举考试标准用书。天宝年间，孙愐等对《切韵》进行增补勘误，改名为《唐韵》。而《广韵》就是在《唐韵》的基础上增补修订而成的。

《广韵》是反映我国中古时期特别是宋代语音体系的一部重要著作。基本上，《广韵》相当于宋代的《新华字典》，是研究"宋代的人如何读书说话"的重要参考。因为它体系完整，内容丰富，所以不论是研究上古汉语、近代汉语还是汉语方言语音，都必须以这本书为基础。中国社会科学院语言研究所编纂的《汉语方言调查字表》就以《广韵》音系为准。温州方言是一种保留了许多古代汉语特点的汉语方言，相较于现在的普通话，温州方言音系与《广韵》音系的对应关系要更加紧密。我们考察温州方言的以下几个特点，可以得出这个结论。

一、四声八调

我们知道，普通话有四个声调，而温州话一共有八个声调。这并不是温州人的"创新"，而是传承自古老的汉语语音特点。温州话的声调是与《广韵》中的声调体系完全相合的。

熟悉诗词格律的朋友一定知道，在相当长的一段时间内，古代汉语的

▲ 因抗倭而建的蒲壮所城，是移民汇集之地，故此地的方言也颇为丰富。

声调都是平、上、去、入四声。四声首先被记录和运用是在魏晋南北朝时期:"齐永明中,文士王融、谢朓、沈约文章始用四声,以为新变。"(《梁书庾肩吾传》卷四十九)汉语进入四声格局的开端必然早于这个时期,而此后一千余年,这个格局也一直没有太多变化。例如《广韵》分为上平声、下平声、上声、去声、入声五卷(平声因字数较多,分为上下二卷)。在中古时期(隋、唐、宋、元),加上声母的影响,四声各分化为阴阳二调,即"四声八调",这就是《广韵》中所呈现的中古汉语声调体系。

到了近世(大约 13 世纪开始),由于北方少数民族语言的影响,"四声八调"体系逐渐被侵蚀瓦解,最典型的是许多北方方言中的入声慢慢消失,归并到其他几个声调中去。今天的普通话只剩下阴平、阳平、上声、去声四个声调。其他方言中的四声八调也变得残缺不全,如长沙话有阴平、阳平、上声、阴去、阳去、入声六个声调,上海话剩下阴平、阴去、阳去、阴入、阳入五个声调,甘肃定西等一些地方只剩下平声、上声、去声三种声调,而温州方言则完整保留了《广韵》时代的四声八调。

试着读一读以下各字:

班　排　板　罢　扮　办　迫　白

在温州话中,这八字的音节虽相近,但声调却各不相同。温州话有阴平、阳平、阴上、阳上、阴去、阳去、阴入、阳入八个声调,与《广韵》体系完美对应。把这八个声调的调值以"五度标调法"列出,如同下表:

1. 阴平 44　　高山翻飞　　2. 阳平 31　　平凡绵连

3. 阴上 45　　短小浅敛　　4. 阳上 34　　厚断猛老

5. 阴去 42　　退送泛欠　　6. 阳去 11　　慢定顺便

7. 阴入 323　　辛促决出　　8. 阳入 212　　局切十汁

从上表就可看出，温州方言的阴平调是高平调 44，阴上调是上升调 45，阴去调是高降调 42，阴入调是一个曲折调 323，这些调型与平、上、去、入的原意十分符合。尤其是在大多数北方方言中已经消失的入声，在温州话中，作为一整个调类仍得以保存。

分别用普通话和温州话读以下这些字，就可以发现，它们在普通话中已经分别归入阴平、阳平、上声、去声四个声调，但在《广韵》中都属于入声字。今天的温州方言中它们也还保留着一个独立的声调：

阴平：八擦惜失汁喝

阳平：达拔俗直竹合

上声：笔百骨甲雪血

去声：必末药踏作日

二、浊音声母

《广韵》中有三十六声母，普通话中有声母二十三个，相比而言减少了近三分之一。而温州话的声母有三十六个。这种差别是如何产生的呢？平、上、去、入四声又为何会各分阴阳，变为阴平、阳平、阴上、阳上、阴去、阳去、阳入、阳去呢？

这主要是因为"浊音声母"。这是一种在发音时震动声带的声母。试着用温州话读读以下的各组字：

八—薄　比—被　冻—同　甲—轧　嫂—造　扎—择　尖—件

我们可以明显地感受到，每组前字和后字的声母虽然发音部位相同，但前字的声母发声时声带不振动，听起来清澈，而后字的声母在发声时声带振动，听起来浑浊。如果一个字的声母是浊音，它的声调会天然比清音更低沉一些。所以，四声中声母为浊音的字慢慢发展成了阳平、阳上、阳去、阳入等声调。但是，汉语发展到近代之后，北方方言中的浊音声母普遍退化消失，而在南方方言中，浊音声母被相对完整地保留了下来。其中保存最完整的方言之一，就是温州话。南方方言中系统保留浊声母的主要是吴方言。湘方言和赣方言也有一小部分保留。而吴方言中的北部吴语，其浊音发生了"清音浊流"的变化，已经不是纯粹的浊音，只有南部吴语如温州话保留了纯正的浊音。

三、尖团音

在京剧唱词中，我们会听到有一些在现代普通话读 j、q、x 声母的字被读成了 z、c、s 声母。如"进"读作 zin、"妻"读作 ci、"心"读作 sin 等等。这些字叫作"尖音字"，而与之相对的就是"团音字"，前者在古代汉语中本来就是读 z、c、s 声母的。这在《广韵》中就有反映：它们在《广韵》中属于"精""清""从""心""邪"这几个声母。这些声母被古人总结为"齿音"声母，意思就是发音部位在牙齿的位置，换成今天的话就是 z、c、s 再加上两个汉语拼音中没有但温州话有的浊音声母 [dz] 和 [z]。

在普通话中，齿音声母由于语言的发展，逐渐变成舌面音 j、q、x。这是因为舌面音发起来比较轻松，这种现象叫作"舌面化"，在全世界各种语言中都十分普遍。但在温州话中，很多尖音字仍然保留着和《广韵》时期一样的尖音声母。试着用温州话和普通话分别读一读以下这些字：

1. 际浸津进晋即鲫精晶井积绩
2. 趣侵亲寝辑七漆清请青蜻戚
3. 写须辛新信息性姓星醒昔锡
4. 谢徐序寻集袭尽情晴静席籍
5. 秦

第 1、2、3 组字在《广韵》里分别为 z、c、s 声母，普通话变为 j、q、x 声母。第 4、5 组字普通话读起来没什么规律，声母有读 j 的，有读 q 的，也有读 x 的。但在《广韵》都为 [z][dz] 声母，如果用温州话读一读，就会发现它们分别都保留了《广韵》原来的声母"邪""丛"。

另有一部分"团音字"，原本在《广韵》中应属于 g、k、h 声母的，但是由于"舌面化"，在普通话中也变成了 j、q、x 声母。这些字也有相当一部分在温州话中仍然保留了《广韵》时代的声母。试着读一读以下这些字：

1. 交教假佳街解减夹甲江讲角
2. 去（白读）敲巧嵌确
3. 孝虾吓瞎
4. 匣夏学红

以上这些字，第 1、2、3 组普通话分别读 j、q、x 声母，但是温州话中却仍保留了《广韵》时代的 g、k、h 组声母。第 4 组字《广韵》中为"匣"声母，读 [ɦ]。这是一个浊音声母，在普通话中已经消失，在温州话中仍然保留着。

在《广韵》泾渭分明的 z、c、s、j、q、x 和 g、k、h 三套声母，由于"舌面化"，在今天的普通话中被混同为 j、q、x 声母。但在保留千年古音的温州话中却仍然能够得到区分，这是温州方言存古性的一大例证。

四、存古的韵母

前文中我们讨论了温州话保留《广韵》中的声调和声母的情况。下面我们来看看韵母。

《广韵》中有二百零六韵，而汉语拼音中韵母只有二十四个，即使像《广韵》那样不同声调的韵母分别计算，数量也远远不及前者。这是因为经过漫长时间的发展，许多韵母被归并了。比如《广韵》前三个韵母分别为"东""冬""钟"。既然分了三个韵母，就说明在该书写作的年代，它们的读音必然是不同的。但是，在今天的普通话中，它们读来已经完全是同一个韵母。幸而在温州话中，这些韵的区别还留有一些痕迹。下面，我们来看看几组字：

农—浓　丛—从　虫—重重复　终—钟　公—工　恭—供　孔—恐

这几组字，在普通话中都是同音，但温州话却不同音，而它们在《广韵》中就分属不同的韵。农、丛、虫、终、公、工、孔属于"东冬"韵，而浓、从、重、钟、恭、供、恐则属于"钟"韵。在温州话中，"钟"韵字有不少读 [iɔ]，与"东冬"韵的 [oŋ] 区分。

同样情况的，还有"豪"韵和"肴"韵：

报—豹　宝—饱　毛—茅　帽—貌

这几组字中，前字属于"豪"韵，温州话读 [ɜ] 韵母；后字属于"肴"韵，温州话读 [ɔ] 韵母。但普通话中，都已经是同音字了。

由上可知，温州话相对于普通话，保留了更多《广韵》时期的语音体系特点。《广韵》编写时依据的是宋代共通语。一般来说，共通语以京城口音也即"汴洛语"为基础，"参校古今，折中南北"，反映了宋代汉语的大致面貌。温州由于远离版图变动剧烈的北方地区，语言发展相对缓慢，无论是声母、韵母还是声调，相比于普通话，都与千年前的宋代"汴洛语"更为相近。

《六书故》与温州方言

《六书故》作者戴侗，字仲达，生卒年不详。据《四库总目提要》，戴侗于南宋淳祐元年中进士，后由国子监簿守台州。德祐初，由秘书迁军器少监，辞疾不起。明凌迪知《古今万姓通谱》称其"年逾八十而卒"。由此可知，戴侗生活在宋末元初，大约在宋理宗宝庆元年（1225）或二年至元武宗至大三年（1310）或四年。戴氏为书香门第，家学渊源，其父戴蒙曾从学于朱熹，其先人、伯、舅等都对六书训诂有过研究，戴侗在书中常常引用家人的观点。

《六书故》最大的特点贯穿全书的"六书"思想，打破许慎《说文解字》以部首分类汉字的体系。我国其他的"小学"类书籍一般分为三类，以字义为纲的称"训诂"类，如《尔雅》；以字形为纲的为"字书"类，如《说文》；以字音为纲的为"韵书"，如《广韵》。而《六书故》是以意义与造字逻辑作为分类排序的依据，与其他小学类书迥然不同。本书上征钟鼎文，下及方言俗语，还大胆收录俗字、俗音、俗义。汉字中一些后起的形、音、义，其他字书不收，幸亏有《六书故》留下记录，使我们得以考证它们的起源。俗字如："曬俗作晒""墩""烊（冶之声转俗字）"等。俗音如："打"俗音"都假切"；"廿"俗呼"念"。俗义如："泡"的"以汤沃物"义，"妮"的"婢"义，"篰"的"篮类"义，"链"的"银铛之类"义，"剩"的"用余"义。还有"婆：今人谓老妪为婆""嬏：今人谓舅之妻曰嬏，亦作'妗'""腿：今俗谓股大腿，腓小腿""脚：足也，今俗为股胫踵之通称"等，都是它首先收录的。

　　本书一个极有价值的地方在于，作者作为永嘉人，在书中也收录了大量吴语，尤其是温州方言，它是目前研究吴语史尤其是浙南吴语史的重要资

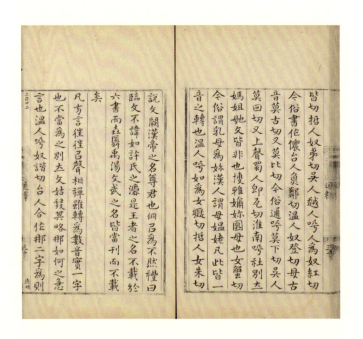

▲《六书故》中的《六书通释》篇章，讲到了"温人"和"台人"的口音区别。

料。他的记录是目前研究温州方言最早、最系统、最大量、最翔实的材料。

首先，本书记录了大量温州方言特有字音。如"阿，於何切，越人呼於黠切"，此字在韵书原读平声，温州方言则读入声；"滴，都历切……又丁计切"，此字原为入声，温州读去声，音同"帝"；"尿，息遗切"，此字原为"奴吊切"，温州却音同"丝"；"母，今世俗'母马'同音，皆'莫假切'"，而温州方言"母马"同音。其次，本书温州方言中的俗字也有不少。如"捵，挨入也"，温州方言"塞入，挤入"义读如"争"阳去声，方言有"吃不底捵底"。再如"浦，南人谓小川入于江，潮汐之所通者为浦"，今天温州仍有不少地名带"浦"字，如南浦、吕浦等。又如温州话表"错误"的"赚"字，《广雅·释诂》释为"卖也"，《说文·新附》释为"重买也，错也"，《类篇》释为"市物失实也"，这些释义过于简略含混，而且互相矛盾；而《六书故》释为"买卖误雠直，多少不当也"，这样就清楚了，不但上述的一些意义可以统一起来，而且可以看出以后发展为"赚钱""赚骗"和温州方言表"错误"义的端倪来。

另有一些例子虽然本身不是温州方言，但释义中有提到温州方言的说法。这类例子在"虫、鱼"类比较集中，如："螳螂，俗谓织绢娘"，温州有些地方把螳螂称"尖嘴娘"，其实是"织绢娘"的音转；"蜱，俗谓荐蜱，亦曰荙虱也"，温州今仍称臭虫为"荙虱"，荙指铺垫的干草，"荙虱"即"草席中之虱"；"蟥，俗又谓曲蟮，又为康蟺"，温州今仍称蚯蚓为"康蟺（音同选）"；"蛭，今人亦谓之马蛣，《本草》作马蚑。蚑亦作蜞"，温州人把蚂蝗称马蟼（音同慈）；"虹，越人谓虹为鲎"，温州今仍称彩虹为"挂鲎（音同吼去声）"；"鮠，瓯人谓之黄颡鱼"，黄颡鱼即今人所谓黄骨鱼或黄辣丁；"鳎，今谓之鳎鳗"，此鱼温州今仍称"鳎鳗"，比目鱼中的一类，北方叫"鳎目鱼"；"鯸鮐，又谓乌狼，生淡水者谓之河豚"，温州河豚今犹叫

"乌狼"，有俗语"乌狼膏吃底怎"；"蟚，乌介切，似彭蜞，可食，薄壳而小"，温州今天也把小蟹称作"蟚儿"，"蟚"音同"阿"去声，与"乌介切"完全相合；"鰯，海鱼之小者，决吻芒齿，不鳞而弱，亦作鰔、鯠"，温州今天有"水鰯（音同柴的上声）"，这种鱼无鳞，体软，吻裂大，有细齿，与《六书故》记载完全相符；"鮨，似鳢而小，首亦有石"，"鳢"即黄鱼，这种与黄鱼相似、首内有石的小鱼，温州今天仍叫"朱鮨"。

最重要的是，戴氏还记载了当时东瓯故地温、台、处（丽水）三州已分成不同支的方言。举"那""人"二字为证："那，如何之急言也，温人呼奴谐切，台人合'作那'二字为则皆切，括人奴弟切。吴人越人呼'人'为奴红切，今俗书作侬。台人鱼邻切，温人奴登切。"

因此，《六书故》是一个重要的方言学宝藏。它是最早系统记录温州方言面貌的资料，记录了宋元时期大量温州的俗音、俗字、俗义。今人往往以为温州方言中许多音没有对应汉字，但其实这只是因为温州语音与普通话差别较大，难以将字音与字对应，或者这些字比较生僻，但在《六书故》中就有许多。可惜长久以来，人们不大重视这本字书，它的许多精辟的释文、独特的释义，都没有被现行辞书收录。

《张协状元》与温州方言

南戏是"南曲戏文"的简称，又称"温州杂剧""永嘉杂剧"等等，是南宋时期诞生于温州的戏剧表演形式。它是中国最早的戏曲形式，其后发展出今天的各种戏曲。温州南戏可谓中国"百戏之祖"。

南戏出现于温州，表演过程中自然会使用到温州本地方言。明祝允明在《重刻中原音韵序》中说："不幸又有温浙戏文之调。"近人吴梅《曲学通论》:"迨温州、海盐、昆山诸调继起，南音靡靡，几至充栋。"可见南戏是存在区别于其他声腔的"温州腔"的。

已知的宋代温州南戏戏文共有四种:《张协状元》《韫玉传奇》《赵贞女蔡二郎》和《王魁负桂英》。但完整保存的仅有《张协状元》一本，存于《永乐大典》卷一三九九一所录三种宋代戏文之中。我们考察了这些戏文，发现其中不少温州方言语音、词汇、语法现象的反映，有一些至今仍在温州人民的口头活跃。

例如（单引号内为温州方言特征词）:"那堪'顿'着一座高山，名做五鸡山"，今天温州"放置、安放"亦说"顿"，如"桌顿是搭（桌子放在那里）";"外面啰啌开门看，老鼠'拖'个'驮''猫儿'"，温州今天也把"叼"说成"拖（音坍）"，"大"读如"驮"，"猫"说"猫儿"，如"猫儿拖老鼠（猫叼老鼠）";"二十四个'月日'没一人上门"，温州方言一个月叫"一个月日";"亚哥、亚哥，狗胆梳儿千万'买归'……有好膏药'买一个归'"，"买归"表示"买回来"，温州"回来"叫"归"，"回家"叫"走归"，"买一个归"就是"买一个回来";"（门）开时要响，闭时要'迷'"，"迷"同"弥"，温州今天仍把"门关严实"叫作"门关弥";"不知我屋里长长（经常）'亢'"，今天温州话"放置、储藏"仍这么说，但多写作"园"，如"物事园起";"靠歇吃'教'醉醺醺，我方才骂它"，"教"即温州方言动词后缀，相当于普通话"了"，表完成，现多写成"爻"，如"饭吃爻（吃饭了）";"你好'生受'"，"生受"今天温州话也说，意为"劳累"，多用于表示客气、感谢等，相当于普通话"您辛苦了";"'特特'唤作庆暖（酒），如何无凳桌"，"特特"表示"特地，特意"，现在温州也说"特特惹"，如"特特惹烧一桌菜（特地烧一桌菜）";"打从湖州过，'镜儿买面'与婆'搭'粉"，"镜儿买面"是温州方言特征语序，宾语＋动词＋

量词，如"饭吃三碗""书匄我一本（给我一本书）"，"搭"为温州方言特征动词，表"涂抹"；"小二，去'垟头'看，怕有人来偷鸡"，"垟"今天多写作"垟"，温州话特征词，表"田地"，如"三垟湿地"；"那畜生'骨自'看了"，"骨自"即温州话"管自"，"只管自己"之义，如"管自走爻（只管自己走了）"；"为你'争'些不见了性命"，"争"在这里是"差，欠缺"的意思，"争些"就是"差一点"的意思，今天温州人说"差一点"仍说"争厘儿"；"蹩秋千斗草'嬉'"，"嬉"温州方言表示"游玩，玩耍"，如"嬉嬉吃吃眙眙戏"。

从上文可知，今天活跃在温州人口头的许多字、词、短语，在近一千年前的宋元之际，已经大量产生。

宋代其他资料中的温州方言

除了以上两种资料比较集中地记录温州方言的资料之外，宋元时代的其他资料（如戏曲、话本、诗词、笔记等）当中，也记录了许多与温州方言相合的语料。由于语言的发展，这些说法在今天的普通话中已不见或少见。但温州话却能够保留下来，形成温州话独特的宋韵遗风。

一、字书

1.《广韵》："膯，他登切。饱也，吴人云，出方言。"今天温州方言说"饱膯膯"即是此字。

2.《集韵》："女，……奴解切。"《集韵》记载的这个又音与温州话相合。今温州"女儿"音如"奶儿"（解、奶温州话韵母都是 [a]）。

3. 吴仁杰《离骚草木疏》："山南江左以机上织者为席，席下重厚者为荐。"

现存最早的戏文《张协状元》，记录了很多生动的温州方言。

温州话"草荐"，指一种较厚的草席。有俗语"中堂挂草荐，不是画（话）"。

二、笔记

1. 庄绰《鸡肋编》卷上："又有'狼衣'草。……俗名乌糯，亦名'蕨衣'。每二十斤可代米六斤。"今天温州仍称蕨为"狼衣"。

2. 陆游《老学庵笔记》卷二："钱王名其居曰握发殿，吴音'握、恶'相乱，钱塘人遂谓其处曰'此钱大王恶发殿也。'"温州话今天"握、恶"也同音。"《麻姑传》：'王方平曰：吾子不喜作狡狯事。'盖古谓戏为'狡狯'……今人间为小儿戏为'狡顽'，益本于此。"今温州玩耍说"狡"（音同讲），或说"顽"（音同凡）。

3. 周去非《岭外代答》引范成大《桂海虞衡志》所记俗字，中有"妖（音大），大女及姊也。"温州平阳等地姐姐叫作"阿妖（音同大）"。

三、语录、杂记、笑话

1.《朱子语类》卷七二："须是尽吐泻出那肚底里许多鏖糟恶浊底见识方略有进处。"温州话称肮脏为"鏖糟"。卷一三六："输赢处也不在多，只是争些子。"温州今天"差一点"说"争厘儿"。

2. 邢居实《拊掌录》："你换得他这个，几时近得饭吃？"温州"赚钱"说"近钞票"。

3.《轩渠录》："东坡知湖州，尝与宾客游道场山，……有僧凭门间熟睡，东坡戏云：髡阇上困。"温州睡觉称"困（眠）"。

4. 庄季裕《鸡肋编》卷下："《易》正义释'朵颐'云：朵是动义，如手之捉物，谓之'朵'也。"温州拿取就说"担（音朵）"。

5.《夷坚支志庚集·金山妇人》："满身流液如瀺涎。"温州涎水称"瀺"。

也称"瀺灦（音柴揽）"。

6.叶绍翁《四朝闻见录乙集·孝宗恢复》："张浚专把国家名器钱物做人情。"温州把送礼叫"做人情"。

7.《夷坚丁志·临安民》："但以笔管通粥饮入口。"温州把粥汁叫"粥饮"。

8.王俊《首岳侯状》："你后面粗重物事转换了着（者）!"温州把东西叫"物事"。

9.《轩渠录》："天色汪囊，不要吃温吞蠖托底物事。"温州天气说"天色"。

四、话本、说唱

1.《志诚张主管》："声高似一声。""似"作"于、超于"解，温州犹说，如"病人狠似先生"。

2.《清平山堂话本》中的《快嘴李翠莲记》，其中"臭粪"唱为"臭污"，"尼姑"唱为"师姑"，停会称"歇"，又有以"相"为词尾的"垃圾相"等，都同温州话。

3.耐得翁《都城纪胜》："赚者，误赚之义也，令人正堪美听，不觉已至尾声。"这取名即来自吴语，温州方言说错误为"赚"[dza₁₁]，正是"误赚"义。

4.《刘知远》诸宫调有"三教庙左右做生活"，温州把做工叫"做生活"。

5.《九宫正始》【仙吕入双调·十二娇】引《王魁》："终不漾了甜桃去，寻酸枣，再吃添。"温州今天也说"再吃添"。

五、诗词、歌谣

1.吴文英《三姝媚·过都城旧居有感》词："春梦人间须断，但怪得当

▲ "天不怕，地不怕，就怕温州人说
温州话。"温州话被认为最难懂的
方言之一。

年，梦缘能短。"杨万里《姑苏馆夜雪》："谁信雪花能样巧，等他人睡不教知。"又《望姑苏》："最爱河堤能底巧，截他山脚不胜齐。"贺铸《浣溪沙·负心期》："不拼尊前泥样醉，个能痴。"刘克庄《满江红》："俄变见金蛇能紫，玉蟾能白。"温州表示"……似的、这样"用"能"，如"雪能白"表"雪一样白"，"个能"表示"这样"。

2. 刘克庆《闻祥应庙优戏甚盛》："空巷无人尽出嬉，烛光过似放灯时。"《风入松》："逆旅主人相问，今回老似前回？"又《浪淘沙》："今年衰似去年些。"介词"似 $[z\eta_{34}]$"作"于、超于"解。

3. 陆游《贫居》："囊空如客路，屋窄似僧寮。"今温州犹称寺院为寮，如"寺院寮""和尚寮""河头寮""城下寮"（弘一法师在温州即驻锡庆福寺，土名"城下寮"）。

温州方言是一种存古的方言，其大量的语音、词汇、语法现象保留了与千年前的宋代汉语相同的特点。通过与宋代韵书《广韵》对比，我们发现温州话在声调、声母、韵母等各方面，都传承自宋代共通语"汴洛语"，可谓"汴洛遗音"。《六书故》《张协状元》及大量宋代资料都表明，今天活跃在温州人民口中的许多与普通话迥异的说法，都是千年前的宋元时代留存下来的古音古韵。因此，掌握了温州方言，就相当于掌握了中古时期汉语的很大一部分特征。这个得天独厚的条件使得温州涌现了一大批国内外学界知名的文学家、语言学家，如夏承焘、郑张尚芳、潘悟云、游汝杰、颜逸明、吴安其，沈克成等等。温州方言是温州文化的重要组成部分，是温州漫长历史鲜活的具象，也是维系温州人故乡情结的纽带。传承和保护好温州方言，对于我们了解历史、发展未来都有重大的意义。

参考引用书目

[1]《金史》，北京：中华书局，1975 年。

[2]《宋史》，北京：中华书局，1985 年。

[3] 昌庆志：《宋元商业文明与文学》，合肥：黄山出版社，2017 年。

[4] 陈安金：《论北宋中后期制度转型与温州士子的机遇》，《温州大学学报（社会科学版）》，2007 年第 6 期。

[5] 陈邦瞻：《宋史纪事本末》，北京：中华书局，2015 年。

[6] 陈斐：《南宋唐诗选本与诗学考论》，郑州：大象出版社，2013 年。

[7] 陈傅良著，周梦江点校：《陈傅良集》，杭州：浙江古籍出版社，2022 年。

[8] 陈傅良著，周梦江点校：《陈傅良文集》，杭州：浙江大学出版社，1999 年。

[9] 陈国灿：《宋代江南城市研究》，北京：中华书局，2002 年。

[10] 陈晶：《记江苏武进新出土的南宋珍贵漆器》，《文物》1979 年第 3 期。

[11] 陈丽华：《漆器鉴识》，桂林：广西师范大学出版社，2002 年。

[12] 陈茂同：《历代职官沿革史》之《附录：历代官制名词解释》，上海：华东师范大学出版社，1988 年。

[13] 陈永霖、武小平：《宋代温州科举研究》，杭州：浙江大学出版社，2017 年。

[14] 程颢、程颐著，王孝鱼点校：《二程集》，北京：中华书局，2004 年。

[15] 程民生:《宋代物价研究》,南昌:江西人民出版社,2021 年。

[16] 戴侗:《六书故》,上海:上海社会科学出版社,2006 年。

[17] 戴栩:《浣川集》,上海:上海古籍出版社,1987 年。据文渊阁本四库全书影印。

[18] 丁俊清编:《吴越民系民居》,广州:华南理工大学出版社,2021 年。

[19] 丁俊清主编:《温州地域建筑概要》,北京:中国国际广播出版社,2022 年。

[20] 董恺忱、范楚玉主编:《中国科学技术史·农学卷》,北京:科学出版社,2000 年。

[21] 杜文和:《寻找南宋》,上海:东方出版中心,2010 年。

[22] 方加松:《国安寺千佛石塔落架报告》,《东南文化》1993 年第 4 期。

[23] 福建省博物馆编:《福州南宋黄升墓》,北京:文物出版社,1982 年。

[24] 冈元司:《南宋期科举试官的地域性——以浙东出身者士大夫为中心》,载《宋代社会的网络》(日本宋代史研究会研究报告第六集),东京创文社,2002 年。

[25] 冈元司:《南宋时期温州的思想家和日常空间——东南沿海社会地域文化的多层性》,载《宋代社会的空间与交流》,河南:河南大学出版社,2008 年。

[26] 冈元司:《南宋温州士大夫的相互关系》,载《古典文献与文化论丛》(第二辑),杭州:杭州大学出版社,1999 年。

[27] 高启新 :《瓯窑不老》,杭州:浙江文艺版社,2016 年。

[28] 高启新:《瓯掌故》,杭州:浙江大学出版社,2019 年。

[29] 顾祖禹:《读史方舆纪要》,北京:中华书局,2005 年。

[30] 何忠礼:《宋高宗新论》,上海:上海古籍出版社,2021 年。

[31] 洪迈著,何桌点校:《夷坚志·海山异竹》(第 1 册),北京:中华书局,1981 年。

[32] 洪振宁:《温州文化史图说》,杭州:浙江摄影出版社,2012 年。

[33] 洪振宁编著:《宋元明清温州文化编年纪事》,杭州:浙江人民出版社,2009 年。

[34] 胡春生:《温州漆艺》,杭州:浙江摄影出版社,2010 年。

[35] 胡珠生:《温州古代史》,北京:中国文史出版社,2019年。

[36] 胡珠生编:《宋恕集》,北京:中华书局,1993年。

[37] 黄纯艳:《宋代海外贸易》,北京:社会科学文献出版社,2003年。

[38] 黄明光:《温州古代科举鼎甲考》,《温州师范学院学报(哲学社会科学版)》,
2003年第1期。

[39] 黄宗羲著,全祖望补修,陈金生、梁运华点校:《宋元学案》,北京:中华书局,1986年。

[40] (日)加藤繁:《中国经济史考证》,北京:商务印书馆,1959年。

[41] 姜广辉:《宋代道学定名缘起》,载《中国哲学》第15辑,长沙:岳麓书社,1992年。

[42] 金柏东主编:《白象·慧光》,北京:文物出版社,2010年。

[43] 金柏东主编:《温州文物论集》,杭州:浙江人民出版社,2009年。

[44] 黎靖德编,王星贤点校:《朱子语类》,北京:中华书局,1986年。

[45] 李经纬、林昭庚主编:《中国医学通史(古代卷)》,北京:人民卫生出版社,2000年。

[46] 李琬修、齐召南、汪沆纂:《乾隆温州府志》,上海:上海书店出版社,1993年。

[47] 李心传:《建炎以来系年要录》,北京:中华书局,1988年。

[48] 李心传撰,徐规点校:《建炎以来朝野杂记》,北京:中华书局,2000年。

[49] 廖育群、傅芳、郑金生:《中国科学技术史·医学卷》,北京:科学出版社,1998年。

[50] 刘时觉编著:《永嘉医派研究》,北京:中医古籍出版社,2000年。

[51] 楼钥撰,顾大朋点校:《楼钥集》,杭州:浙江古籍出版社,2010年。

[52] 卢良秋:《温州瑞安曹村进士数考证》,《浙江大学学报》(人文社会科学版),
2006年第3期。

[53] 梅贞仲:《南阳南氏宗谱序》,载蒋振喜编《乐清谱牒文献选编》,北京:线装书局,
2009年。

[54] 倪尔爽:《南宋时温州海外贸易发达的原因》,《海交史研究》1998年第2期。

[55] 彭世奖校注:《橘录校注》,北京:中国农业出版社,2010年。

[56] 钱南扬:《戏文概论》,上海:上海古籍出版社,1981年。

[57] 钱南扬:《永乐大典戏文三种校注》,北京:中华书局,2009年。

[58] 邱志诚:《宋代温州市舶务设置时间考辨》,《浙江海洋学院学报》(人文科学版),2013年第6期。

[59] 沈不沉:《温州戏曲史料汇编》,北京:中国戏剧出版社,2011年。

[60] 史达祖撰,雷履平、罗焕章校注:《梅溪词》,上海:上海古籍出版社,1988年。

[61] 释元奇:《江心志》,中国佛寺志丛刊,扬州:广陵出版社,2006年。

[62] (日)寺地遵:《南宋初期政治史研究》,上海:复旦大学出版社,2018年。

[63] 孙崇涛:《南戏论丛》,北京:中华书局,2001年。

[64] 孙希旦撰,沈啸寰、王星贤点校:《礼记集解》,北京:中华书局,1989年。

[65] 孙衣言撰,张如元校笺:《瓯海轶闻》,上海:上海社会科学院出版社,2005年。

[66] 孙诒让撰,潘猛补校补:《温州经籍志》,上海:上海社会科学院出版社,2005年。

[67] 唐锡仁、杨文衡主编:《中国科学技术史·地学卷》,北京:科学出版社,2000年。

[68] 唐作藩:《音韵学教程》,北京:北京大学出版社,2002年。

[69] 王曾瑜:《宋高宗传》,北京:中国书籍出版社,2016年。

[70] 王存撰,王文楚、魏嵩山点校:《元丰九域志》,北京:中华书局,1984年。

[71] 王国维著,叶长海导读:《宋元戏曲史》,上海:上海古籍出版社,1998年。

[72] 王建富:《海上丝绸之路浙江段地名考释》,杭州:浙江古籍出版社,2017年。

[73] 王明清撰,燕永成整理:《挥麈后录》,《全宋笔记》第五七册,郑州:大象出版社,2019年。

[74] 王十朋著:《王十朋全集》,上海:上海古籍出版社,1998年。

[75] 王叔杲撰,张宪文校注:《王叔杲集》,上海:上海社会科学院出版社,2005年。

[76] 王宇、陈安金:《论南宋后期科场中的朱子学和永嘉学》,《哲学研究》,2005 年第 2 期。

[77] 王宇:《南宋科场与永嘉学派的崛起——以陈傅良与〈春秋〉时文为个案》,《浙江社会科学》,2004 年第 2 期。

[78] 王宇:《永嘉学派研究》,北京:商务印书馆,2021 年。

[79] 王宇:《永嘉学派与温州区域文化》,北京:社会科学文献出版社 ,2007 年。

[80] 王瓒、蔡芳编,胡珠生校注:《弘治温州府志》,上海:上海社会科学院出版社,2006 年。

[81] 王之望:《汉滨集》,1923 年卢靖据四库文津阁本影印。

[82] 温州博物馆编,金柏东主编:《温州文物论集》,杭州:浙江人民出版社,2009 年。

[83] 温州博物馆编,伍显军主编:《漆器骈罗　名扬天下》,北京:中国对外翻译出版有限公司,2013 年。

[84] 温州市文物保护考古所编,金柏东、金丹霞编著:《温州海丝之路》,北京:中国文史出版社,2017 年。

[85] 温州市文物管理处、温州市博物馆:《温州市北宋白象塔清理报告》,《文物》1987 年第 5 期。

[86] 吴钩:《宋:现代的拂晓时刻》,桂林:广西师范大学出版社,2015 年。

[87] 吴松弟主编:《温州通史·宋元卷》,北京:人民出版社,2021 年。

[88] 徐梦莘:《三朝北盟会编》,上海:上海古籍出版社,1987 年。

[89] 徐松:《宋会要辑稿》,北京:中华书局,1957 年缩印本。

[90] 徐松辑:《宋会要辑稿》,上海:上海古籍出版社,2014 年。

[91] 徐松著,刘琳等点校:《宋会要辑稿·食货》,上海:上海古籍出版社,2014 年。

[92] 薛季宣撰,张良权点校:《薛季宣集》,上海:上海社会科学院出版社,2003 年。

[93] 杨文新:《宋代市舶司研究》,厦门:厦门大学出版社,2013 年。

[94] 叶适:《习学记言序目》,北京:中华书局,2009 年。

[95] 叶适著，刘公纯点校：《叶适集》，北京：中华书局，2010 年。

[96] 易中天：《风流南宋》，杭州：浙江文艺出版社，2018 年。

[97] 俞光：《温州古代经济史料汇编》，上海：上海社会科学院出版社，2005 年。

[98] 俞光编：《温州古代经济史料汇编》，上海：上海社会科学院出版社，2005 年。

[99] 俞为民、刘水云：《宋元南戏史》，南京：凤凰出版社，2009 年。

[100] 曾枣庄、刘琳主编：《全宋文》，上海：上海辞书出版社、合肥：安徽教育出版社，2006 年。

[101] 张孚敬撰：《嘉靖温州府志》，天一阁藏明代方志选刊。

[102] 张宏生：《江湖诗派研究》，北京：中华书局，2020 年。

[103] 张良：《宋服之冠：黄岩南宋赵伯澐墓文物解读》，北京：中国文史出版社，2017 年。

[104] 张镇中：《温州地方史稿》，内部刊行，《鹿城文史资料》第七辑，1993 年。

[105] 赵鼎撰，来可泓、刘强整理：《建炎笔录》，《全宋笔记》第三一册，郑州：大象出
版社，2019 年。

[106] 赵平校点：《永嘉四灵诗集》，杭州：浙江大学出版社，2010 年。

[107] 郑伯谦、郑伯熊撰，周梦江校注：《二郑集》，上海：上海社会科学院出版社，2006 年。

[108] 郑张尚芳：《温州方言志》，北京：中华书局，2008 年。

[109] 中山大学艺术史研究中心编：《艺术史研究》第 5 辑，广州：中山大学出版社，2003 年。

[110] 周厚才：《温州港史》，北京：人民交通出版社，1990 年。

[111] 周梦江、陈凡男：《叶适研究》，北京：人民出版社，2008 年。

[112] 周梦江：《宋代温州城乡商品经济的发展与衰落》，《温州师范学院学报》（社会科
学版），1987 年第 1 期。

[113] 周梦江：《宋元明温州论稿》，北京：作家出版社，2001 年。

[114] 周梦江：《叶适与永嘉学派》，杭州：浙江古籍出版社，1992 年。

[115] 周梦江：《叶适与永嘉学派》，杭州：浙江古籍出版社，2005 年第 2 版。

[116] 周去非著，杨武泉校注：《岭外代答校注》，北京：中华书局，1999 年 9 月。

[117] 周祖谟：《广韵校本》，北京：中华书局，2004 年。

[118] 朱海滨：《宋代温州科举的兴盛及其背景》，《杭州师范大学学报社会科学版》，2015 年第 5 期。

[119] 朱烈著：《温州地理论丛》，内部刊行，2001 年。

[120] 朱长文著，金菊林点校：《吴郡图经续记》，南京：江苏古籍出版社，1999 年。

[121] 祝穆撰，祝洙增订，施和金点校：《方舆胜览》，北京：中华书局，2003 年。

（本书图片由温州市博物馆、温州日报报业集团、洪振宁、黄瑞庚等单位及个人提供）

图书在版编目 (CIP) 数据

宋韵瓯风十二章 / 中共温州市委宣传部编；方韶毅，
陈瑞赞主编 . -- 杭州：浙江大学出版社，2023.12
ISBN 978-7-308-24422-0

Ⅰ. ①宋… Ⅱ. ①中… ②方… ③陈… Ⅲ. ①文化史
－研究－中国－宋代 Ⅳ. ① K244.03

中国国家版本馆 CIP 数据核字 (2023) 第 228432 号

宋韵瓯风十二章

中共温州市委宣传部 编　　方韶毅　陈瑞赞 主编

责任编辑	周烨楠
责任校对	李瑞雪
责任印制	范洪法
封面设计	何天健
出版发行	浙江大学出版社
	（杭州市天目山路 148 号　邮政编码 310007)
	（网址：http://www.zjupress.com)
排　　版	温州麦威平面设计工作室
印　　刷	温州市北大方印务有限公司
开　　本	787mm×1092mm　1/16
印　　张	18.75
字　　数	270 千
版 印 次	2023 年 12 月第 1 版　2023 年 12 月第 1 次印刷
书　　号	ISBN 978-7-308-24422-0
定　　价	128.00 元